LES MISSIONNAIRES FACE AU NATIONALISME À MADAGASCAR

KARTHALA sur Internet :
www.karthala.com
(paiement sécurisé)

Couverture : Carte postale des années 1950. D.R.

Éditions Karthala, 2017
ISBN : 978-2-8111-1881-5

Luc Garcia

Les missionnaires face au nationalisme à Madagascar

Parcours et enjeux (1920-1960)

Éditions Karthala
22-24, boulevard Arago
75013 Paris

DU MÊME AUTEUR

Le royaume du Dahomé face à la pénétration coloniale : affrontements et incompréhension (1875-1894), Karthala, 1988.

Quand les missionnaires rencontraient les Vietnamiens (1920-1960) Karthala, 2008.

Abréviations

ACM	Archives de la congrégation de la Mission (Lazaristes).
ACSSP	Archives de la Congrégation du Saint-Esprit.
AGL	Archives de la Grande Loge de France.
AGOF	Archives du Grand Orient de France.
AJF	Archives des Jésuites de France.
AKFM	Anthkon'ny kongresin'ny Madagascar (Parti du Congrès de l'indépendance de Madagascar.
AMEP	Archives des Missions Étrangères de Paris.
BFC	Bibliothèque Franciscaine des Capucins.
FFMA	Friend's Foreign Mission Association (quakers) ou société des amis ou Mission des Amis-Quakers.
FJKM	Frangonan'i Jesosy Krieby eto Madagasikara : Église de Jésus Christ à Madagascar. Fusion de trois églises en 1968 : les Congrégationalistes, les Évangéliques, les Quakers.
HMC	Histoire et Missions Chrétiennes.
I'SAN-ENIM-BOLANA	Réunissant les églises LMS-MPF-FFMA.
JME	Journal des Missions Évangéliques.
LFADCIM	Ligue française pour l'accession aux droits du citoyen des indigènes de Madagascar.
LMS	London Missionary society : Société des Missions de Londres..
MDRM	Mouvement démocratique de la rénovation malgache..
MLFCA	Mission of lutherian Free Church of America : Mission luthérienne libre des États-Unis.
MONIMA	Mouvement national pour l'indépendance de Madagascar.

MPF	Mission protestante française.
NMS	Norvegian Mission Society : Société des missions norvégiennes ou Mission norvégienne.
PADESM	Parti des déshérités de Madagascar.
PANAMA	Parti nationaliste malgache.
PCRM	Parti communiste de la région de Madagascar.
PDM	Parti démocratique de Madagascar.
PSD	Parti Social Démocrate.
RFHOM	Revue française d'Histoire d'outre-Mer.
SMEP (SME)	Société des Missions Évangéliques de Paris.
SPG	Mission anglicane des États-Unis.
VVS	Vy-Vato-Sakelika (Fer-pierre-ramification).

Avant-propos

Nous avons adopté la graphie utilisée dans les archives de sources coloniales et missionnaires de la période 1920-1960. Si le retour à l'indépendance politique en 1960 marque aussi celui des anciens termes, Diégo-Suarez redevenant Antsiranana ou Tamatave, Toamasina, par exemple, les malgaches ne gardent pas moins l'habitude de dire Fort-Dauphin, Diégo ou Tuléar.

Introduction

Du protectorat français sur Madagascar suivi de son annexion unilatérale jusqu'à l'indépendance recouvrée, la présence coloniale a duré 65 ans (1895-1896-1960). Dès lors, avec le basculement du rapport de forces, l'île subit l'effet de cette domination qu'elle conteste, mue par la volonté de plus en plus affirmée de s'en libérer. La culture française (acquisition de la langue, de la religion chrétienne, du mode de vie) devenue la seule valable offre certes des avantages divers tels que l'ascension sociale, mais elle nourrit surtout un profond sentiment de frustration et d'injustice en ne permettant qu'à quelques Malgaches l'accession aux droits de citoyens français. Après la perte de la souveraineté nationale, cette nouvelle déception engendre en 1915 un mouvement de libération culturelle et sociale, à l'initiative des jeunes membres d'une société secrète, le VVS (Vy, Vato, Sakelika, Fer, Pierre, Ramification) fondée en 1913. Aucun regroupement autochtone n'est encore autorisé et la loi de juillet 1901 sur la liberté d'association appliquée en métropole n'est promulguée qu'en 1946 dans les territoires d'outre-mer. Le VVS est donc perçu dans les milieux coloniaux de l'île comme un groupe subversif. La décennie 1920 n'en est pas moins celle de l'émergence du nationalisme.

Le scénario se répète du 19 mai 1929 à la veille de la Seconde Guerre mondiale quand le mouvement d'émancipation oriente la lutte soutenue par les communistes, essentiellement vers l'égalité des droits avec les Français, c'est-à-dire la naturalisation massive des Malgaches et la liberté. La revendication qualifiée encore de subversive reste lettre morte. Mais cette première intrusion communiste soulève une franche préoccupation chez les vicaires apostoliques qui semblent pourtant subordonner toute prise de position aux réactions du Vatican. Leur déclaration relativement prudente, adressée à la communauté catholique en janvier 1934 sur le *légitime nationalisme,* s'inscrit en effet dans la ligne définie en 1931 par le pape Pie XI dans sa lettre *Quadragesimo anno* qui repousse précisément le socialisme matérialiste. Il en est de même en octobre 1937 lorsqu'à l'occasion d'une réunion tenue à Tananarive, ils insistent à nouveau sur les dangers du communisme. Dans ce cas encore, les vicaires s'alignent sur la nouvelle condamnation doctrinale de Pie XI dans l'encyclique *Divini Redemptoris* de la même année. Enfin, si l'avènement du Front populaire fait desserrer quelque peu le carcan politique et susciter bien des espoirs, ceux-ci sont rapidement balayés par la Seconde Guerre mondiale avec le retour au scénario coercitif sous le régime de Vichy et la France libre.

Le Malgache est ainsi au cœur de la dualité socio-culturelle du pouvoir laïque et du pouvoir religieux. Les effets déstructurants des nouvelles valeurs et activités économiques sur les hiérarchies traditionnelles ont généré tensions et ruptures, puis résistance au projet de colonisation. Dans leurs techniques d'apostolat alliant efficacement pression et persuasion, les missionnaires, culturellement plus proches de la communauté coloniale européenne que de leurs collègues malgaches, doivent emprunter un difficile parcours individuel et collectif dans la prise en compte de la société et de ses structures complexes. Car, les autochtones en adoptant ici comme en Afrique noire la religion chrétienne n'abandonnent pas toujours leurs croyances et pratiques traditionnelles souvent qualifiées péjorativement de paganisme. Beaucoup ont su récupérer et s'approprier le code culturel occidental pour assurer leur promotion dans la vie sociale et politique coloniale, sachant que cette stratégie d'insertion va installer inévitablement un rapport de forces avec l'administration. Ainsi l'échec des luttes menées par l'instituteur protestant Jean Ralaimongo pour l'égalité des droits avec les citoyens français, qui marquent les années 1920 et 1930 (première partie de cet ouvrage), aboutit au lendemain de la Seconde Guerre mondiale (seconde et dernière partie) d'abord au rejet du système colonial lui-même, inégalitaire et coercitif, puis à la revendication d'indépendance par des nationalistes.

Pourtant, en 1944-1945, la France ne sauve que difficilement son statut de grande puissance en échappant à celui de protectorat administré par l'AMGOT (*Allied Military government of occuped Territories*) réservé aux pays vaincus. Elle obtient même un siège permanent au Conseil de Sécurité de l'ONU. Aux yeux de la plupart des métropolitains qui font passer les anticolonialistes pour des traitres à la patrie, ce sont principalement les territoires coloniaux qui lui garantissent un tel statut[1]. Or, si la conférence de Brazzaville ouverte peu avant la fin de la guerre (fin janvier-début février 1944) a bien annoncé des changements structurels d'ailleurs inéluctables et

1. Ageron Ch.-R., « La survivance d'un mythe: la puissance par l'empire colonial (1944-1949) », Paris, *Revue française d'histoire d'outre-mer*, t. LXXII, n° 269, 4e trimestre 1985, p. 387-403.

susceptibles en outre de neutraliser l'anticolonialisme des Américains et des Soviétiques, elle a veillé surtout à les intégrer dans un schéma de stricte obédience à la métropole. Ainsi de 1945 à 1946, tandis que l'Union française remplace l'empire colonial, l'autochtone, lui, troque son statut de « sujet français » contre celui de citoyen, entraînant par conséquent la suppression du régime de l'indigénat. Problème: l'application de cette réforme importante est ajournée par les deux constituantes, et l'autonomie interne de l'île n'intervient qu'en 1956 avec la loi-cadre Defferre. Mais le virage de la décolonisation est définitivement pris.

Le présent ouvrage propose de découvrir ou de revisiter en quelque sorte ce thème à travers les archives des autorités religieuses, mais en soulignant le parallèle entre les principales étapes évolutives dans l'expression missionnaire et les parcours des Malgaches au cœur des grands enjeux politiques. Les premiers, les missionnaires européens, contraints de préparer et de favoriser leur propre reconversion en matière coloniale doivent infléchir leur comportement et leur état d'esprit. Car, face aux seconds, des nationalistes majoritairement chrétiens et occidentalisés, ils doivent également adapter le discours à leurs revendications politiques de plus en plus radicalisées dans un contexte colonial encore bloqué. Il ne s'agit donc pas ici d'une réécriture de l'histoire complexe de Madagascar qui a déjà fait l'objet de nombreuses publications par des étrangers et par des Malgaches eux-mêmes. On peut toutefois noter que la présence forte et dynamique des missions anglo-saxonnes et françaises dans ce territoire français et catholique n'est pas sans affecter les comportements des principaux protagonistes (émulations inter, voire intra-confessionnelles, compromis subtil entre missionnaires et autorités coloniales autour de logiques et de projets contradictoires).

D'autre part, la conjoncture est déjà très dégradée et source d'agitation permanente jusqu'en 1947 quand la délicate question du retour à l'indépendance et à la souveraineté de l'île, mise en sommeil durant la guerre, résurgit sur la scène politique dès la Première Constituante française en 1945. Le Mouvement démocratique de la rénovation malgache – MDRM – créé à Paris en 1946 ne s'est pas fixé d'autre but en réclamant des négociations. Mais l'impasse est totale dès lors que la IVe République décide de préserver par tous les moyens sa nouvelle entité, l'Union française. Le recours à la répression systématique le confirme à l'encontre des mouvements nationalistes qui secouent en 1947 presque tous les territoires français d'outre-mer. Madagascar en fait l'expérience cuisante pendant l'insurrection de mars 1947 qui soulève une vague de répression jusqu'en 1950. Le MDRM est dissous, rendu principal responsable par le ministre de la France d'outre-mer Marius Moutet devant l'Assemblée nationale. C'est la dernière tentative désespérée de restauration de l'indépendance. En 1948, seul reste autorisé le Parti des déshérités de Madagascar – PADESM –. Fondé en juillet 1946 avec la bienveillance de l'administration, il réunit des descendants d'anciens esclaves et des côtiers (populations de l'intérieur) en majorité catholiques hostiles à l'idée d'indépendance immédiate.

Cependant, le développement et l'épanouissement de l'action missionnaire ont aussi marqué ces décennies de politique coloniale discriminatoire. Car dans sa progression, si le christianisme, religion de la puissance tutrice, a bénéficié de sa protection et gagné en prestige, inversement, par la gamme de services proposés, il a accompagné son entreprise de colonisation. Il s'ensuit une fâcheuse confusion entre christianisme et civilisation européenne longtemps tolérée et entretenue par les missionnaires eux-mêmes, notamment chez les catholiques :

> « La présence des Français, reconnaît ainsi Mgr de Guébriant, supérieur général des MEP, a donné aux missionnaires et à leurs œuvres la sécurité dont ils manquaient et, avec la sécurité, une large mesure de liberté. Or cela est inappréciable. De plus, le régime français est dans l'ensemble assez bienfaisant pour faire honneur à la religion de la France... Car la France est catholique, l'indigène le sait[2]... ».

Bref, un soutien réciproque et constant, une idéologie mêmement partagée, celle qu'a la France de la supériorité de sa civilisation.

> « On écrase les Malgaches de notre supériorité, remarque en 1970 un missionnaire spiritain, on se rend indispensable... On occidentalise[3]... ».

Son constat qui reprend celui du pasteur Jean Keller en 1945 traduit, plus de 10 ans après l'indépendance de l'île, les difficultés d'adaptation des missionnaires à la nouvelle donne politique et sociale :

---

2. Mgr de Guébriant, supérieur général des Missions Étrangères de Paris (MEP) dans *Le Correspondant*, 25 janvier 1931.

3. ACSSp. 2M1 11b6, Diégo, Suarez, Documents divers, *La présence missionnaire dans les Églises locales*, 1970-1974.

> « Nous possédons une mentalité souvent hermétique pour la mentalité indigène, écrit le pasteur ; nous avons une patrie que nous aimons d'autant plus qu'elle passe par des temps difficiles, et nous ne pouvons pas ignorer l'influence de notre pays sur la population coloniale[4] ».

À partir de 1945, en même temps qu'ils relancent leur revendication politique, les nationalistes portent un jugement nuancé sur les missionnaires porteurs d'une vision encore occidentalisante : un modèle d'Église « vazaha » (européen, français en particulier), un clergé malgache de faible effectif et confiné souvent dans un rôle d'auxiliaire. Deux lettres encycliques avaient pourtant invité les missionnaires à distinguer leurs projets de ceux de l'administration et à préparer la relève : *Maximum Illud* du pape Benoît XV en 1919 et *Rerum ecclesiae* de Pie XI en 1926 sur la fondation d'Églises autochtones. Mais, sous des prétextes divers, ils n'ont pas localement diligenté.

Côté protestant, depuis la première conférence missionnaire internationale d'Edimbourg en 1910, la préoccupation essentielle n'a guère changé : c'est la promotion de l'encadrement local susceptible à son tour d'assurer la direction et de diffuser la Bible dans les nouvelles Églises autochtones[5].

Les protestants ont également retenu de cette première période émaillée de tensions latentes avec l'administration qu'ils doivent redoubler de prudence et de discrétion dans le soutien apporté aux nationalistes. Ils aspirent donc à l'apaisement et ne manifestent pas un engouement prononcé pour le double engagement politique et spirituel de la grande majorité de leurs fidèles qu'ils invitent du reste à se soucier plutôt de leur salut. De plus, l'attitude polémique des missionnaires catholiques avec eux éveille la défiance des communautés chrétiennes, témoins attentifs du spectacle de leur concurrence très active dans le soutien accordé aux nationalistes victimes de la répression.

---

4. Keller Jean, pasteur, dans *Journal des Missions évangéliques*, JME, mai-juin 1945.

5. Pour plus de détails, lire ou relire dans *Histoire et Missions chrétiennes* (HMC) n° 13, mars 2010, La Conférence missionnaire mondiale d'Edimbourg en 1910 et en particulier, l'article présenté par Jacques Mathey, *Edimbourg 1910 et son approche de la relation entre mission et unité*, p. 71-92, ainsi que le dossier préparé par Jean-François Zorn, l'un des meilleurs spécialistes du protestantisme français : *Avoir part à la Mission mondiale, Contribution du protestantisme de langue française à la conférence d'Edimbourg et réception de ses travaux*, p. 111-135.

L'après-guerre amorce néanmoins l'engagement politique des catholiques en faveur de l'émancipation avec les encouragements ou sous l'impulsion de la curie romaine, au moment où émerge, il est vrai, le concept audacieux de l'égalité et de la relativité des cultures. La hiérarchie franchit un palier supplémentaire lors des événements de 1947 quand elle déclare que « l'aspiration à la liberté de s'administrer lui-même est légitime dans un pays encore soumis au régime de la colonisation »[6]. Sans minimiser le risque d'un rejet du christianisme, elle souligne l'urgence de la situation tendue dans l'Union française qui connaît un développement croissant des mouvements d'indépendance. En juin 1951, l'encyclique *Evangelii Praecones* de Pie XII semble répondre à cette inquiétude en souscrivant à l'évidence exprimée par l'épiscopat de Madagascar. À cette date, la majorité de l'opinion en métropole est moins attentive aux problèmes coloniaux qu'aux questions internationales et aux difficultés de politique intérieure et économique.

Le contexte est donc porteur et se prête aux prises d'initiative téméraires dans les territoires français d'outre-mer. C'est ainsi que le 27 novembre 1953 les évêques de Madagascar se prononcent officiellement et pour la première fois en faveur de l'indépendance de l'île. Ce soutien attendu et total aux nationalistes modérés rencontre un écho favorable de la hiérarchie en métropole et au Vatican qui emboîte le pas. Les missions protestantes sont à leur tour amenées à assouplir la règle d'incompatibilité entre le sacerdoce et la politique. La création du Conseil œcuménique des Églises – COE – en 1948 montre qu'elles ont déjà pris également la mesure de l'enjeu. Enfin, l'initiative des chefs de mission catholique, hors du cadre spirituel traditionnel, consacre surtout une rupture franche timidement amorcée dans les années 1920-1930 avec le conformisme colonial. Elle va décrisper progressivement la situation politique en inaugurant des rapports nouveaux de critique constructive avec le gouvernement général. Au total, les Malgaches ont revendiqué l'indépendance très tôt et bien avant leurs voisins d'Afrique subsaharienne. Même la période de l'entre-deux-guerres, pendant laquelle le système colonial a consolidé son emprise sans contestation politique majeure des peuples dominés, est ponctuée ici de protestations et de troubles.

Les années 1950 officialisent donc définitivement le changement d'optique et de grille de lecture dans un contexte international plus favorable à la sortie du colonialisme. Elle ouvre la dernière phase

---

6. ACSSp.2M1-7b10: Archives concernant l'Église de Madagascar, 1915-1972, *Réunion des évêques*, rapport du 28 mars 1947.

de la lutte des Malgaches pour recouvrer l'indépendance de leur pays perdue en 1895-1896 et, corrélativement, enclencher le processus d'appropriation ou de malgachisation des pouvoirs civils et religieux. L'autonomie des Églises protestantes vis-à-vis des sociétés fondatrices accélèrent le transfert des responsabilités et le processus va se poursuivre encore plusieurs années. Le premier évêque anglican malgache est sacré en 1956 et, deux ans plus tard, luthériens et réformés se regroupent dans la Communauté des Églises protestantes à Madagascar (FFPM). Du côté catholique, Pie XII se déclare à son tour, dans le message de Noël 1954, favorable au « processus d'évolution vers l'autonomie politique des peuples coloniaux ». Et en septembre 1955, il établit la hiérarchie épiscopale. Quelques mois plus tôt, en avril, la conférence afro-asiatique de Bandoeng (Indonésie) condamne le colonialisme et affirme le droit des peuples à l'indépendance. Son retentissement international a sans doute accéléré la politique d'ouverture du Vatican (message de Noël 1955 de Pie XII). Bref, le transfert progressif des responsabilités au clergé malgache signe la fin programmée de la décolonisation de la hiérarchie et de la carrière classique de missionnaire. On en mesure alors l'évolution graduelle depuis l'entre-deux-guerres quand le Vatican a engagé la lutte contre le nationalisme des missionnaires venus de métropole.

Parallèlement à cette évolution des Églises chrétiennes, la France doit accepter en une décennie, 1946-1956, le démantèlement de l'Union française après les déconvenues en Indochine en 1954 et dans les protectorats du Maghreb (indépendance du Maroc et de la Tunisie en 1956). Confronté à des difficultés en Algérie, le gouvernement Guy Mollet, issu des élections législatives de janvier 1956, s'attelle à une réforme constitutionnelle limitée de l'Union française. Elle aboutit en juin à la rédaction de la loi-cadre Defferre (du nom du nouveau ministre de la France d'outre-mer – FOM –, Gaston Defferre) d'autonomie interne des territoires d'outre-mer. Les diverses élections ouvrent de nouvelles possibilités aux autorités religieuses qui tentent d'orienter par des directives en principe claires le vote des fidèles, non sans créer parfois quelques quiproquos savoureux. En 1957 par exemple, certains catholiques de Diégo-Suarez ont voté communistes en croyant voter... nationalistes ! Enfin, la France doit se résoudre à la perte de son empire : disparaissent tour à tour l'Union française et la Communauté pour faire place à la République malgache (1958-1960). Le Vatican s'engage à son tour aux côtés des peuples nouvellement souverains en attendant que le Concile Vatican II accélère le mouvement de décolonisation. Et l'Église devient missionnaire ici comme en Afrique subsaharienne.

Élu d'abord président du Conseil puis président de la République (1956-1960), Philibert Tsiranana accompagne la marche laborieuse de ses compatriotes, de l'autonomie interne à l'indépendance. Durant les douze premières années (1960-1972), la France, ex-puissance coloniale, maintient sa prééminence dans les secteurs essentiels (économie, enseignement, santé) pour combler la faiblesse numérique de la relève. Nous n'aborderons pas ici cette évolution de Madagascar conduisant aux événements de 1972 qui ont précipité la chute de Tsiranana pour instaurer, après une transition de trois ans, une IIe République révolutionnaire et socialiste. Elle dépasse le cadre de cet ouvrage et ouvre une nouvelle phase de l'histoire de l'île centrée autour de la « Coopération » et de ses diverses implications.

L'essentiel des sources est donc la prospection des archives missionnaires : congrégations catholiques et Société des Missions évangéliques de Paris – SMEP – devenue MPF (Mission Protestante Française) à Madagascar, sans occulter la présence de religieuses au rôle important et au ton parfois bien personnel. Les journaux de communautés et les comptes rendus aux autorités fournissent des éléments abondants, des passages informatifs pertinents. D'autres ne présentent qu'un intérêt secondaire pour ceux qui ne sont pas membres de telle ou telle congrégation comme les lettres d'évocation de la vie des communautés.

Je voudrais renouveler mes remerciements au personnel des archives de la Société des Missions évangéliques de Paris, Claire-Lise Lombard, directrice, et Émilie Gangnat, de la bibliothèque, aux Lazaristes de Paris avec les pères Claude Lautissier et Paul Henzmann, ainsi qu'aux Spiritains de Chevilly-Larue avec le père Gérard Vieira (†) ; toute ma gratitude au personnel des Missions Étrangères de Paris – MEP –, aux Jésuites de France de Paris et aux Franciscains capucins de Paris.

Mes remerciements s'adressent également pour les archives maçonniques, au Grand Orient de France – GOF – et à la Grande Loge de France – GLF –.

PREMIÈRE PARTIE

LE CHOC DES DEUX GUERRES : LA FIN DE L'UTOPIE DE L'ASSIMILIATION

Carte 1. *Madagascar colonial 1947.*
Limites des provinces et quelques noms des principaux lieux cités.

1

Le christianisme de l'ère coloniale, un des meilleurs agents émancipateurs

Dualisme catholiques – protestants et effets dérivés

Distinction des aires géographiques d'influence confessionnelle

Le christianisme implanté surtout dans les régions centrales progresse plus lentement que n'en font état les statistiques de valeur approximative fournies à l'administration par les diverses missions. Les chiffres des missions catholiques par exemple sont erronés et volontairement forcés, moyen commode d'obtenir les autorisations nécessaires. Ils englobent sous le vocable de catholiques, certes les baptisés et les catéchumènes mais aussi les adhérents du groupement catholique qui ne manifestent aucune intention de se faire baptiser[1]. En 1939, le district de Majunga qui compte 332000 habitants (statistiques officielles de 1938), enregistre 42260 catholiques, dont 13660 catéchumènes[2]. Dans le district de Fort-Dauphin, la progression passe de 15000 à 56000 entre 1920 et 1940, un chiffre que le chef de district estime excessif[3]. Cependant la progression numérique du christianisme est réelle et en 1960, année de l'indépendance de Madagascar, les deux confessions chrétiennes rassemblent sur un total de 5 millions d'habitants un peu plus de 2 millions de fidèles dont les deux tiers sont Merina et Betsileo des plateaux. C'est que les dix-huit groupes régionaux ou ethniques officiellement dénombrés ne se situent pas au même niveau d'évolution et, par

1. ACSSp.2MI-10[3], *Statistiques religieuses*. L'Église catholique à Madagascar en juin 1961.

2. ACSSp.2MI-10[5], « Le catholicisme à Madagascar et dans les îles voisines », *Annales de la Propagation de la Foi*, septembre-octobre 1939.

3. ACSSp.2MI-10[8], « Les Lazaristes à Madagascar », dans *Lumière*, journal catholique de Madagascar, 6 avril 1966.

suite, chacun d'eux adopte des tendances politiques distinctes de celles des voisins. On en trouve l'illustration symbolique dans l'opposition entre les Merina dominants sur les hauts plateaux fortement christianisés et les autres groupes côtiers[4]. De grandes inégalités régionales et humaines ont ainsi défini les conditions de développement de l'entreprise missionnaire, comme le fait remarquer Mgr Pichot en 1935 avec une certaine pointe d'envie :

> « Sur les hauts plateaux, 1 400 à 1 500 mètres, rien qui rappelle nos brûlantes missions de la côte, ni nos populations si mélangées. Aucun point de comparaison possible. C'est un tout autre pays et de toutes différentes populations, et notre langue de la côte avec ses formes plus directes et ses emprunts avec dialectes sakalaves et tsymihetys est tout autre que celle que nous entendons ici (Fianarantsoa) »[5].

En fait, le partage géographique et confessionnel de l'île recoupe en quelque sorte les régions ethniques ; les principaux centres missionnaires peuvent aussi coïncider avec leurs chefs-lieux tels que Vangaindrano, capitale des Antaisaka, ou Vohipeno celle des Antaimoro ou encore Fort-Dauphin, capitale des Antanosy.

Les objectifs principaux restent inchangés et le programme à réaliser se poursuit : implantation d'églises, formation de nombreux catholiques, organisation et promotion épiscopale d'un clergé malgache. Du côté des protestants de toutes dénominations, le programme est sensiblement le même : préparation du Malgache au pastorat et surtout création d'organismes synodaux à compétence de plus en plus large jusqu'à constitution d'un épiscopat malgache. Les missionnaires qui se rejoignent dans le combat contre le paganisme, invitent fermement leurs fidèles à abandonner les ody (talismans ou amulettes) et sampy (idoles, fétiches) et ils ne recommandent que le maintien des traditions compatibles avec la foi chrétienne. Dans ce domaine sensible, les protestants se montrent d'autant plus vigilants que lors de la cinquième conférence intermissionnaire de Fianarantsoa du 10 au 16 août 1938, les délégués malgaches ont insisté

4. À la fin des années 1960, la communauté chrétienne représente dans l'île quelque 43 % des habitants. Une proportion qui grimpe à 90 % dans le diocèse d'Antsirabe, puis descend à 66 % à Tananarive, mais elle atteint à peine 15 % à Tamatave, Diégo-Suarez et Majunga (MEP, Madagascar, Problèmes d'Églises, rapport du père Vergniaud J., dans *Échos*, février 1971).

5. ACSSp. 2M1-7a3. Rapport Mgr Pichot, de retour du Congrès Eucharistique de Fianarantsoa, Majunga 6 novembre 1935.

précisément sur le réveil du paganisme et la désertion des temples[6]. L'érection d'églises autonomes s'intègre donc dans ce programme dont les premières concrétisations sont déjà encourageantes puisque, note le JME de janvier 1946,

> « Nous nous trouvons en face d'une véritable Église indigène dont l'élite devient consciente de ses responsabilités et de ses devoirs... Nous sentons que les anciens ne sont plus de braves gens remorqués par le missionnaire, mais des hommes dont la conscience chrétienne s'affirme, qui se sentent les bergers du troupeau et les gardiens de la fidélité de l'Église ».

Pourtant, après 1945 et surtout 1949, le retournement de la situation découle moins de cette capacité reconnue désormais aux élites protestantes de diriger graduellement leurs églises, que de l'impact de la nouvelle orientation du Vatican qui prend en compte les réalités du mouvement de libération en constante évolution dans l'Union française. La confirmation est venue de Pie XII en 1951, d'abord dans son message au Congrès Eucharistique de Tananarive, puis dans son encyclique *Evangelii Praecones* et relayée en 1953 sur le terrain par la déclaration des évêques de Madagascar. Enfin, la réalisation et la valorisation de l'entreprise missionnaire sollicite la participation active des femmes pasteurs qui exercent des responsabilités à parité avec leurs collègues masculins. Ce pastorat féminin qui facilite le traitement de certains problèmes est une caractéristique spécifique des missions protestantes. Et peu importe qu'en 1962, deux ans à peine après l'indépendance de l'île, leur effectif ajouté à celui de leurs collègues masculins ne soutienne guère la comparaison avec les catholiques riches d'une trentaine de congrégations féminines et de 17 congrégations masculines.

Par ailleurs, en dépit de leur désaccord profond sur la notion même d'Église, missionnaires catholiques et missionnaires protestants se retrouvent en partie dans les stratégies d'évangélisation et de formation des cadres malgaches destinés à prendre le relais. L'évangélisation et la scolarisation très étroitement associées aux œuvres d'assistance – la liberté des cultes sous-entend celle de l'enseignement – résument l'essentiel de leurs activités dont les difficultés sont surtout d'ordre financier. C'est aussi dans ce domaine scolaire que surgit l'émulation interconfessionnelle, souvent source de division au sein des familles à composantes catholiques et protes-

---

6. Les précédentes conférences se sont tenues à Tananarive en 1913, 1920, 1925 et 1933, *Journal des Missions Évangéliques*, JME, 1939.

tantes. Or, l'enseignement comme la délivrance des diplômes et l'autorisation d'enseigner relèvent du monopole de l'État. Par besoin d'une certaine cohérence transcendant les deux situations difficilement compatibles, le gouvernement général considère les établissements scolaires des missions comme un service public qui bénéficie, à ce titre, des subsides de la colonie. Enfin, les missionnaires catholiques mis en présence d'une solide implantation ancienne des protestants sur les hauts plateaux, dans les classes dirigeantes des Merina, doivent se tourner ailleurs vers les régions côtières, vers les populations pauvres des villes et des campagnes.

Ces missions protestantes aux dénominations différentes, indépendantes les unes des autres, sont de statut étranger, excepté la mission protestante française – MPF –, et donc de traditions et d'orientations diverses. À la fin des années 1940, des six missions présentes dans l'île, trois sont luthériennes et disposent d'un organisme commun ; les trois autres dont la MPF sont plutôt de tendance réformée. Elles ont fondé de nombreuses églises dirigées progressivement par des Malgaches et fédérées par le Conseil protestant des Églises de Madagascar. Le regroupement et l'unité font émerger en 1962 trois églises principales : Église de Jésus Christ – FJKM –, Église luthérienne – FLM – et Église anglicane parmi de petites Églises indépendantes et diverses sectes.

Du côté des missions catholiques, quelques chiffres sur la progression numérique de la communauté donnent une idée globale du nouveau visage de l'Église à la veille de la guerre[7].

Années	**catholiques**	**Catéchumènes**	**Prêtres étrangers**	**Prêtres malgaches**	**Frères Sœurs étrangers**	**Frères malgaches**
1925	291 569	–	159	9	234	33
1939	613 600	68 700	249	46	348	136

Comme la loi de séparation des Églises et de l'État de 1905 applicable en métropole a été introduite dans l'île mais en l'y adaptant par le décret de 1913[8], les missionnaires ne perçoivent pas de

7. ACSSp.2MI-10-8, *Statistiques*, Madagascar, Annuaire 1959 des missions catholiques d'Afrique dans *La Croix* du 16 février 1960. AJF (Archives des Jésuites de France), FMa-11B-153 Madagascar, *documentation sur les Missions*, « L'Actualité religieuse » dans *Le Monde*, n° 21, 1er février 1954.

8. Vidal Henri, *La séparation des Églises et de l'État à Madagascar (1861-1968)*. Librairie générale de Droit et de jurisprudence, Paris, 1970. Un ouvrage de référence.

rémunération publique et laissent aux communautés de fidèles le soin de subvenir aux frais de fonctionnement du culte. En 1938, le constat de nombreux missionnaires est sans ambiguïté : insécurité, instabilité et entrave à l'action missionnaire[9]. Aussi, le décret du 16 janvier 1939 apporte-t-il une solution judicieuse à la question des biens des missions, en reconnaissant leur personnalité civile et leur droit de posséder. Il les dispense de tout droit de succession et des impôts pour les églises, écoles, hôpitaux et œuvres de bienfaisance[10]. Le système va fonctionner jusqu'à l'ordonnance législative du 1er octobre 1962 sur le régime des cultes.

Le poids des réalités matérielles dans la trilogie missionnaire (éducation, santé, travail)

> « Qu'on nous débarrasse de nos soucis financiers qui deviennent un vrai cauchemar et je suis sûr que nos santés s'en ressentiront tout de suite... »[11].

La recherche de fonds et éventuellement de la production de ressource est une préoccupation commune à presque tous les missionnaires[12]. Les demandes de secours à la Propagande sont récurrentes et s'appuient sur les seuls dons spirituels jugés insuffisants. Comment assurer la gestion du quotidien ou la concrétisation des œuvres, s'alarme alors le père Genould, moralement déchiré et quelque peu déstabilisé :

> « J'ai demandé à ma famille de m'expédier de l'argent. Il faut en effet un certain temps avant que l'argent ne parvienne de Suisse...

9. AJF, FMa 11-D-3, *Note sur le statut légal des Missions à Madagascar*, par le père de la Devèze, procureur de la Mission de Madagascar à Tananarive, 24 décembre 1938. ACSSp.2MI-4a[1], Vicariat apostolique de Diégo-Suarez, Régime des Cultes depuis le décret de 1913, rapport du 16 janvier 1931.

10. Mais ce n'est qu'en 1953 qu'est constituée, par Mgr Batiot, la société qui fait de la Mission de Majunga le dernier des vicariats et congrégations religieuses de Madagascar qui sont propriétaires de leurs biens (ACSSp.2MI-7a[7], rapport de Mgr Batiot, Majunga, 25 mars 1953).

11. ACSSp.2MI-11b[1-2], *Extrait d'un rapport du père Reynard*, supérieur principal, Andriamena, 15 février 1967.

12. En décomposant la trame de la vie missionnaire, on peut s'en faire une idée globale : étude de la langue malgache, tournée de brousse dans le cadre des méthodes d'approche de la population, implantation de postes de catéchistes, ouverture d'écoles et de séminaires, œuvres sociales, équipement matériel, construction de chapelles et d'églises.

Ai-je manqué à mon vœu de pauvreté ? Je ne le pense pas. Je pensais que c'était un cas d'urgence prévu par la constitution 296. Car, s'en explique t-il, “notre caisse est vide et nous avons à régler une facture de plus de 200 000 FCFA”...[13] ».

Cette tendance au manquement a pourtant perduré, malgré le rappel sévère au respect des règles régissant le vœu de pauvreté dans un rapport réquisitorial du père Neyrand lors de sa visite de la mission de Diégo-Suarez en 1956 :

> « Les membres de la Congrégation s'engagent à ne disposer d'aucun bien temporel sans la permission de leur Supérieur légitime[14] ».

Le soutien des Églises mères et des communautés chrétiennes occidentales, l'aide multiforme d'associations aux missions sont des contributions indispensables qui suscitent parfois quelques tiraillements entre les Ordres missionnaires ou entre eux et la Propagande. La question des subventions scolaires octroyées par le gouvernement général soulève également de vives polémiques entre francs-maçons et missionnaires, mais encore entre catholiques et protestants d'un même district. En dépit de la conjoncture économique déprimée des années 1930, la tendance générale des missions protestantes est néanmoins à l'autonomie financière réalisée déjà dans les districts d'Imerina. Dans un rapport de 1925, l'administration s'inquiète de cette volonté ouverte d'encourager les Malgaches dans la création d'organisations autonomes et indépendantes comme les collectivités en charge de la gestion de chaque temple. Le paiement des traitements des pasteurs et l'entretien de l'œuvre multiforme sont leur charge essentielle[15]. Cependant, les difficultés financières soulèvent toujours des problèmes complexes et délicats. Parlant des pasteurs et instituteurs malgaches par exemple, Chapus, professeur au lycée Gallieni en 1930, n'en promeut au rang d'« hommes d'élite » qu'une infime minorité et précise que « la responsabilité qu'entraîne la gestion désintéressée de caisses de quelque importance est encore au-dessus du développement de

---

13. ACSSp.2MI, 5b², *Extrait du rapport du père Genould*, missionnaire d'Andapa, diocèse de Diégo-Suarez, Andapa 10 mars 1960.

14. ACSSp.2MI, 7b², *Rapport du père Neyraud*, visiteur, août 1956.

15. Mondain G., missionnaire à Tananarive, *rapport du 15 août 1933*, dans JME, 1934. Peyrot L., « Les Églises protestantes à Madagascar », dans *Rythmes du Monde*, n° 1, 1966.

beaucoup d'agents dévoués ». Des propos mordants qu'il tente ensuite de nuancer, mais sans convaincre :

> « Non pas que ces hommes soient indélicats, mais il en est un certain nombre qui manquent d'ordre et de méthode. Les comptes étant assez nombreux sont sujets à de nombreuses confusions et, en définitive, il se perd de l'argent[16] ».

En fait, comme dans les congrégations missionnaires catholiques, les situations sont très différentes selon les Églises protestantes en raison même des inégalités de rémunérations entre agents. Ils sont pourtant affectés aux mêmes fonctions dans la même région de mission ; ils connaissent des conditions presque identiques de logement et de vie et doivent en principe faire face aux mêmes dépenses engagées par leurs missions respectives[17]. Six des sociétés protestantes sur sept à l'œuvre dans l'île, avons-nous indiqué, sont étrangères. Les plus riches cherchent naturellement à s'assurer les services des pasteurs malgaches compétents aux dépens d'autres paroisses moins favorisées en leur offrant des avantages matériels appréciables. À l'issue du troisième synode général en 1945, les Églises dépendant de la Mission protestante française ont donc adopté, pour éviter la défection, des règlements financiers communs et un barème unique pour le traitement de base de tous leurs pasteurs[18].

Chez les catholiques, l'absence de toute appréciation des revenus locaux de chaque diocèse n'est pas non plus sans conséquence sur la qualité des relations entre les différentes congrégations. La réalité matérielle de celles qui sont uniquement missionnaires et sans ressource telles que la congrégation des Spiritains est aux antipodes de celle des hautes régions riches dévolues aux Jésuites. En 1927, les ressources du vicariat de Diégo-Suarez par exemple proviennent à: 80% des aumônes étrangères au vicariat, 15% des dons des fidèles et 5 % des revenus des stations. En 1930, la balance des recettes, 89097 francs et des dépenses 182050, est largement déficitaire de 92953 francs. Cette situation désormais récurrente va justifier de nombreuses demandes de secours à la Propagande. Et c'est pour compléter les allocations et les dons que l'évêque a entrepris des travaux agricoles qui se résument à deux stations de planta-

---

16. Chapus S., « Le malaise des Églises protestantes à Madagascar », dans *Études théologiques et religieuses*, mars-avril 1930.

17. *Ibid.*

18. Vernier Jacques, pasteur, « Documents sur la constitution de l'Église protestante à Madagascar », dans *Le Monde non chrétien*, n° 11, 1949.

tions peu importantes. Mais l'initiative fort peu appréciée est rigoureusement condamnée par le visiteur apostolique, le père Remy[19]. Quant à la sustentation des missionnaires et du clergé malgache, elle est assurée uniquement par les honoraires de messe et les dons des fidèles auxquels s'ajoutent les allocations pontificales. Dans les années 50, une autre mission, celle de Fénérife, à 80 km au nord de Tamatave, sur la côte Est, mentionne également des « finances en mauvais état et des dettes anciennes non payées[20] ». Les ressources pourtant ne manquent pas: produits de petites concessions – café, girofle, poivre – qui s'ajoutent aux revenus habituels: denier de culte, casuel et kermesses. La situation est au contraire radicalement différente dans les paroisses et districts des Jésuites du vicariat de Tananarive dont l'état financier est satisfaisant. Enfin, au sud de l'île, les Lazaristes ne sont guère mieux lotis que les Spiritains. La recherche de fonds pousse même Mgr Sévat à justifier dans le détail l'usage des offrandes faites aux missions: entretien de personnel, frais de voyage, construction et entretien des églises, entre autres[21]. Précisons cependant que les Lazaristes comme la majorité des prêtres qui sont surtout des religieux appartenant à une congrégation missionnaire profitent déjà de tous les moyens mis à la disposition des Malgaches par l'administration. Par conséquent, ils ne reçoivent plus aucun soutien tangible et officiel pour la bonne marche de leurs œuvres, en dehors du domaine scolaire.

La question des subventions scolaires

Or, ils estiment insuffisante l'aide du gouvernement général qui ne leur permet pas d'offrir la gratuité des fournitures aux élèves comme c'est l'usage dans les écoles publiques. Dans de nombreuses écoles de brousse, il faut même apprendre à lire dans le catéchisme après la réunion du culte[22]. La méthode d'apprentissage du français

---

19. ACSSp.2MI-4a^6 et 4a^7: Diégo-Suarez, Mgr Fortineau à la Propagande, 17 janvier 1927 et à la Sainte-Enfance, 27 septembre 1931. ACSSp.2MI, 4a^2, Diégo-Suarez, années 1927-1932, rapport du père Rémy, visiteur apostolique de la Maison-mère, Diégo-Suarez, 27 janvier 1927.

20. ACSSp.2MI, 7b^5, Madagascar. Visites annuelles de Missions, 1951-1959, père Britschu, supérieur principal, Fénérive, 1955.

21. ACM (Lazaristes), Mgr Sévat, évêque coadjuteur, dans *Bulletin des Missions des Lazaristes*, Fort-Dauphin, 1929-1930.

22. ACSSp.2MI-4a^7, C'est le cas de la mission de Diégo-Suarez, Mgr Fortineau au directeur général de l'Œuvre de la Sainte-Enfance à Paris, Diégo-Suarez, 6 août 1934.

par l'étude du catéchisme qui n'a rien d'original, suscite néanmoins de vives polémiques au sein de la franc-maçonnerie malgache[23]. En fait, beaucoup d'écoles de paroisse ou écoles de brousse doivent augmenter l'écolage pour se maintenir. Ainsi, de 1938 à 1939, dans la mission de Marovoay, les écolages de 2 à 5 francs ont simplement doublé ! Sous le gouvernement de Vichy, les établissements privés sont invités, pour obtenir des subventions, à justifier de l'importance de leurs effectifs et de la précarité de leurs ressources. Après la guerre, la concurrence interconfessionnelle, stimulée encore par l'octroi de subventions au prorata du nombre d'élèves, incite catholiques et protestants à dépasser rapidement leur capacité d'accueil. Conséquences logiques : un effectif pléthorique par classe et un manque d'encadrement compétent qui desservent finalement la qualité de l'enseignement sacrifiée aux contraintes financières.

Les sœurs et les femmes pasteurs, qui assurent déjà le succès des œuvres sociales, contribuent également à la scolarisation massive des filles. Mais, précisent les Lazaristes de Madagascar sud en 1955 :

> « Quand l'effectif dépasse la centaine, intervient alors la classification, et les sœurs tâchent de cloisonner : il y a la "petite classe" où on apprend la lecture, et la "grande classe" où on apprend dans les livres ».

Et malgré le nombre croissant – de 200 à 300, voire 500 à Tuléar –, la Mission doit se contenter longtemps de ces deux classes[24]. La sœur évolue ainsi au milieu de ce petit monde, secondée par des monitrices avec le titre de sous-maîtresses, en attendant l'arrivée plus ou moins lointaine d'une troisième sœur brevetée pour ouvrir et déclarer une troisième classe. Chacune d'elles pourra alors s'occuper de deux divisions et s'inspirer de l'organisation adoptée en d'autres régions par les Jésuites ou les frères de la Doctrine chrétienne. Le manque de sœurs diplômées – une seule cornette par école pour 300 à 600 enfants ! – limite donc l'ambition de la mission au certificat d'études.

D'autre part, en raison de la diversité des congrégations religieuses dont chacune défend son style propre, les écoles sont congréganistes ou de paroisse. Les premières sont soutenues par les

---

23. GLF, carton 467, *Loge La Fraternité Universelle*, Orient d'Ambositra, rapport du 20 février 1925.

24. A.C.M. (Lazaristes) Madagascar sud. « Constitution de la Maison d'œuvres », dans *Les Missions des Lazaristes et des Filles de la Charité, 1954-1955*.

Maisons mères et la mission catholique tandis que les secondes sont confiées au clergé séculier et alimentées, entre autres, par les dons des fidèles et les écolages des élèves.

Les sources de financement des écoles sont en général de trois ordres : l'écolage, l'apport des missions et les subventions officielles. Les écolages versés aux écoles catholiques en 1952 par exemple varient de 200 à 750 francs par mois dans les écoles de Tananarive plus favorisées – en 1939, ils étaient déjà à 25 francs chez les Jésuites d'Imerina – et de 50 à 500 francs dans les autres villes. Les campagnes acceptent au contraire des dons en nature[25]. Les vicariats apostoliques reçoivent également pour l'ensemble de leurs œuvres, des allocations de la Propagande et de la Sainte-Enfance. Un autre effet pervers de la course aux allocations et aux dons est l'élaboration de statistiques peu fiables adressées à la Propagande puisqu'aux titres « Écoles primaires... Écoles publiques », figurent toutes les écoles du gouvernement qui n'appartiennent pas à la mission ; de même le titre « Hôpitaux » masque le nombre des hôpitaux du gouvernement dont la mission ne contrôle pas la gestion[26]. Quant à l'importante mission protestante française, elle est davantage affectée par le manque de ressources, un des obstacles majeurs au développement, voire au simple maintien des écoles. Des maîtres restent parfois plusieurs mois sans percevoir leur traitement et la mission semble incapable de soutenir l'œuvre scolaire qu'elle a engagée[27].

Enfin, troisième et dernière source de financement : les subventions officielles. Elles sont votées depuis 1948 par les Assemblées provinciales pour les garderies autorisées dans les seules localités dépourvues d'écoles officielle ou privée confessionnelle, et par l'Assemblée représentative pour l'enseignement secondaire.

Le problème des œuvres est donc d'abord celui des disponibilités. La méthode de christianisation dans l'enseignement même au niveau primaire reste confrontée à l'insuffisance des fonds et au manque de personnel compétent. Dans la décennie 1950, l'ensemble des divers moyens de financement permet d'assurer pourtant aux maîtres un traitement de début fixé autour de 3 000 à 4 000 francs dans les campagnes et de 5 000 à 7 000 francs dans les villes. En

25. ACSSp.2MI-10[10], Madagascar, District spiritain, « Demande de relèvement des subventions officielles à l'Enseignement privé ». Financement des Écoles, période de 1951 à 1960.

26. ACSSp.2MI-4a[2], *Rapport du père Soul*, visiteur des Missions de Madagascar, mai-août 1932.

27. Dorian Denise, *Rapport sur les questions scolaires à Madagascar*, JME, 1956, p. 189-191.

application des nouvelles normes du Code du travail, les missions qui devraient procéder à des revalorisations indispensables des traitements des maîtres demandent au contraire que soit triplé le montant des subventions allouées par les provinces et le budget général[28]. En vain.

Bref, la modicité des salaires, le recrutement insuffisant et le manque de qualification traduisent la complexité de la question éducative et compromettent la recherche de solutions satisfaisantes, d'où la difficulté de « trouver des maîtres d'écoles brevetés qu'exige cette fonction et même des catéchistes, par temps de vie chère, d'impôts élevés, de rareté de main-d'œuvre, d'une part, et d'autre part, en raison des avantages offerts par les écoles officielles: salaires élevés, vacances, retraites pour les maîtres, gratuité absolue pour les élèves »[29].

L'observation de Mgr Fortineau, valable en 1939, résume la situation générale des maîtres du privé confessionnel de l'après-guerre, sans oublier que celle des catéchistes appelés à pallier l'absence d'instituteurs brevetés est encore plus dégradée.

Au total, l'enseignement est une des actions privilégiées des missionnaires, un secteur névralgique de leurs relations complexes avec le pouvoir colonial très attentif à la formation donnée aux adolescents dans leurs établissements. D'autant qu'il mène à la liberté et à la formation d'une conscience critique, le fait de lire et d'écrire étant déjà émancipateur. La vigilance administrative est donc à effets limités, car l'action missionnaire participe bien au développement des mouvements autonomistes et aux revendications qui en découlent. Pourtant, à la fin de 1960, le père Laurent présente un bilan nuancé de la présence des Spiritains dans l'île qui auraient sacrifié l'éducation de base et la lutte contre l'analphabétisme à la formation des élites et encouragé leur désertion des campagnes. Son regard n'est pas moins critique sur les programmes scolaires transposés de métropole et l'enseignement en français qui semblent éloignés des attentes des Malgaches. Il conclut en invitant ses confrères à une large réflexion sur l'avenir même de la mission[30]. Un demi-

28. ACSSp.2MI-10[10]. Madagascar. Documentation. Période 1951-1960. Rapport Allain Eugène, conseiller provincial de Tananarive et président de l'APEL (Association des parents d'élèves de l'Enseignement primaire catholique de Madagascar).

29. ACSSp.2MI, 4a[7], Diégo-Suarez, Mgr Fortineau à la Sainte-Enfance, rapport années 1921-1939. Diégo-Suarez, 16 novembre 1938 et 22 août 1939.

30. Laurent Pierre, R.P., directeur de l'Action catholique et sociale du diocèse de Diégo-Suarez, « Les Missions catholiques », 1960, dans *Madagascar*, 1960, numéro spécial, nlle série, n° 7980, décembre 1960.

siècle plus tard, l'épineux problème scolaire perdure: les moyens consacrés à l'éducation sont toujours insuffisants, les enseignants peu nombreux car mal payés et les classes surchargées, sans oublier le français qui reste la langue des examens alors qu'elle n'est pas parlée par tous les Malgaches.

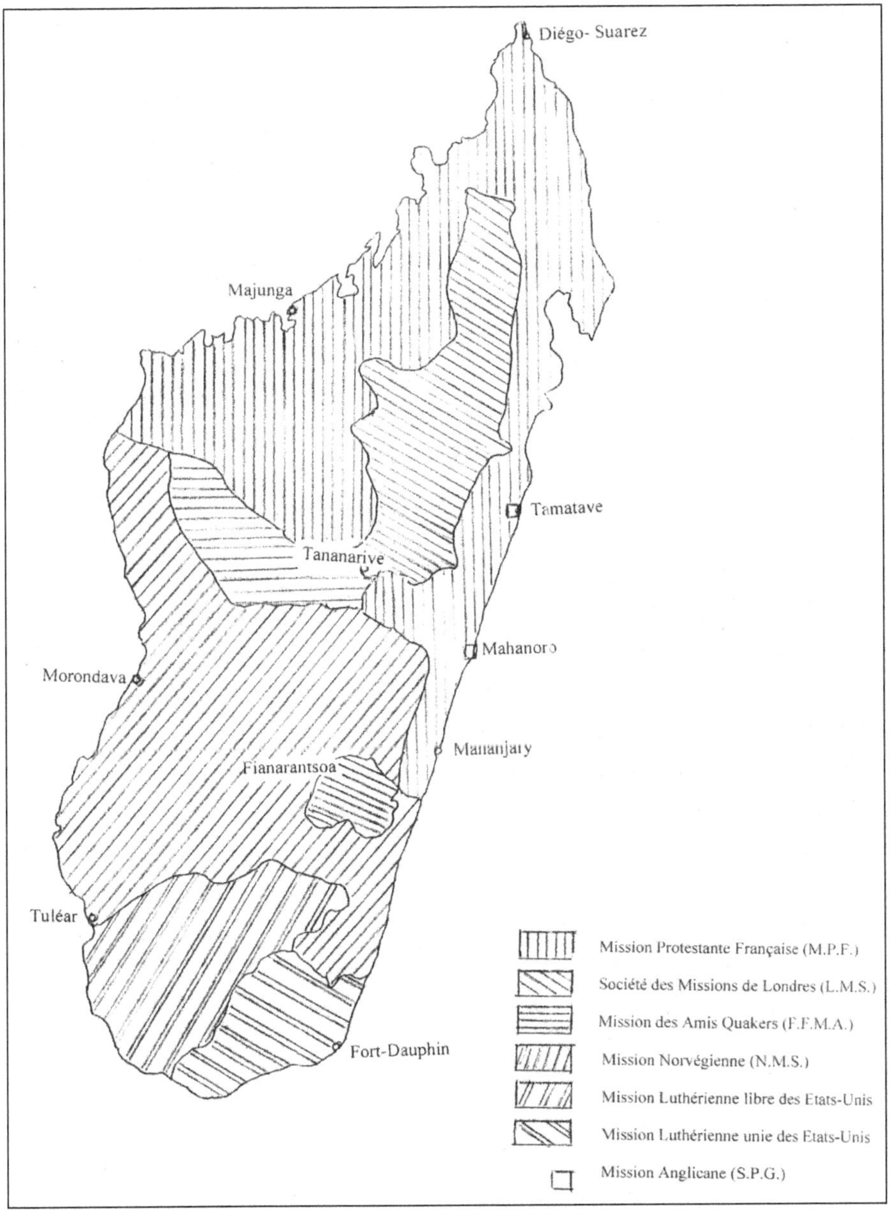

Carte 2. *Missions protestantes en 1948.*

Carte 3. *Répartition des territoires de la mission catholique.*

2

L'action socio-éducative dans les méthodes d'approche

> « Un intense désir de s'instruire s'est emparé de tous les Malgaches et de partout on réclame des écoles. On les réclame à n'importe qui, car c'est d'instruction que l'on a besoin et on se donne au premier venu. Il est donc extrêmement important que nous occupions la place, et la plus grande douleur du vicaire apostolique est de voir les protestants et les Adventistes, beaucoup plus riches, devancer les Catholiques »[1].

Pour l'administration coloniale, la contrepartie escomptée de la présence de diverses congrégations religieuses relève essentiellement du domaine de l'enseignement et de l'action sociale et sanitaire qui doit lui fournir les cadres dont le niveau et la fonction dépendent des nécessités de sa politique. Les missionnaires des deux sexes prennent ainsi leur part de responsabilité dans ce service public que l'administration est incapable d'assurer elle-même en totalité et y trouvent la meilleure tactique d'approche. L'implantation d'églises s'accompagne du développement des écoles qui s'inscrit lui-même au cœur de la stratégie pastorale qu'ils vont appliquer en fonction du milieu et du contexte, des contraintes administratives et des possibilités financières.

C'est donc dans le domaine scolaire surtout que s'installe la concurrence d'abord inter/intra confessionnelle puis avec l'enseignement laïque. En même temps, la course au monopole de la formation d'une élite chrétienne pousse les missionnaires à privilégier la scolarisation du centre au détriment de celle de la périphérie, ce qui aggrave les inégalités. Enfin, l'usage du malgache est autorisé dans des écoles comme les garderies qui s'adressent aux enfants de moins de douze ans pour une instruction de cycle primaire confiée à des maîtres non brevetés. Les protestants influencés sans

1. ACSSp. 2MI, 6a[6], Majunga, Mgr Batiot à la Propagande, 1er novembre 1949.

doute par les méthodes anglaises utilisent déjà les langues autochtones dans leurs champs de mission et plus souvent que leurs homologues catholiques. Ils s'adaptent d'autant mieux aux réalités du pays que « le but n'est pas, soulignent-ils, de propager une hypothétique civilisation chrétienne d'importation, mais de s'efforcer d'introduire des valeurs chrétiennes dans toutes les civilisations coexistantes[2] ». Un programme pédagogique commun est adopté et l'enseignement primaire dispensé dans les écoles « régionales », de « district » ou de « station » donne la priorité à la lecture, la compréhension de la bible et son interprétation par le chrétien dans sa langue, sans sous-estimer pour autant la valeur sociale attachée aux diplômes. Les catholiques placent au contraire la question de la culture au centre de leur stratégie pastorale dans une défense de la culture occidentale et chrétienne avec référence au latin, la langue de l'Église[3]. Les uns et les autres reconnaissent en principe la réalité de la culture malgache – l'arrêté administratif du 17 janvier 1929 réhabilite même la langue malgache et celui du 14 octobre 1933 restitue un bilinguisme officiel –. En fait, la réalité, celle d'une entreprise d'acculturation limitée et à influence réciproque, est plus complexe.

Après la Seconde Guerre mondiale, la nouvelle politique de la métropole permet, grâce à des subventions diverses, la création d'autres écoles chrétiennes au niveau du cycle primaire. La réforme initiée en novembre 1951 supprime par exemple la dualité des réseaux scolaires en ouvrant les écoles primaires des enfants européens aux enfants malgaches qui maîtrisent suffisamment le français. Elle donne encore la priorité au français sans trancher toutefois la question de la langue d'enseignement. Bref, le succès de l'enseignement du français, devenu d'ailleurs la langue de référence au lendemain de l'indépendance, semble amorcer un lent déclin de l'enseignement protestant dans la capitale en encourageant les futures élites à s'orienter vers les écoles publiques ou catholiques. Enfin, à Madagascar comme dans d'autres territoires coloniaux d'Afrique noire, le système scolaire suscite deux attitudes antinomiques au sein des familles. Dans les centres urbains en particulier, certains parents y adhèrent par pragmatisme, d'autres au contraire

---

2. Colloque missionnaire du 22 avril 1948 , *Conclusion sur les questions scolaires*, JME, octobre-novembre 1948.

3. Rappelons que jusqu'à la Seconde Guerre mondiale, le concept d'Occident englobe les États de culture européenne et judéo-chrétienne. Après 1945, avec la Guerre froide, l'Alliance atlantique, les réalités économiques, entre autres, la définition du concept a évolué.

s'y refusent, persuadés que l'école d'importation européenne menace la cohésion de la cellule familiale et de la société. À la lumière de statistiques certes contradictoires, les efforts se concentrent dans le public comme dans le privé essentiellement sur l'éducation primaire et l'ouverture de sections professionnelles. En 1950, 50% des scolarisables, garçons et filles, bénéficient déjà de l'instruction primaire. Dans le secondaire, deux lycées fonctionnent à Tananarive, l'un investi pratiquement par les Européens, et l'autre, l'École Le Myre de Vilers, qui forme au niveau primaire – l'enseignement secondaire étant quasi inaccessible aux colonisés avant la Seconde Guerre mondiale – les Malgaches futurs étudiants de médecine ou surtout cadres auxiliaires de l'administration coloniale. Quant à l'enseignement supérieur, il comprend l'Institut des Hautes Études créé à Tananarive en 1948, suivi d'ailleurs par celui de Dakar en 1950 destiné à l'AOF (Afrique occidentale française).

Il est malaisé de dresser un inventaire complet des œuvres des missionnaires. Cela est en outre hors de notre propos. Cependant, la concurrence scolaire qui a installé une solide émulation entre missionnaires des deux confessions et administration laïque a stimulé également leurs développements scolaires respectifs. Les résultats aux examens officiels comme ceux de 1958 sont autant d'encouragements[4].

Résultats aux examens de 1958

Examens	Enseignement	Présentés	Reçus	Pourcentage
CEPE	Public:	4377	1944	44%
	Catholique	2776	1427	51%
	Protestant	2350	835	35%
	Autres (non confessionnels)	2552	569	22%
B.E. (brevet élémentaire)	Public	459	157	34,2%
	Catholique	257	137	53,5%
	Protestant	212	60	28%
	Autres	342	25	7%
BEPC	Public	536	244	45,5%
	Catholique	89	64	71%
	Protestant	91	37	40,6%
	Autres	319	23	7,2%

4. « Madagascar 1960 » Statistiques officielles de l'Enseignement en 1958, dans *Les Missions catholiques*, numéro spécial, nouvelle série, n° 79-80, juillet-décembre 1960.

En définitive, le Malgache a su intégrer le nouveau système de valeurs et tirer grand profit de l'éducation reçue. Des efforts sont même entrepris au lendemain de l'indépendance pour une progression accélérée de la scolarisation dans l'espoir de réduire les inégalités criantes à tous les niveaux, entre provinces et régions, villes et campagnes.

Une collaboration féminine efficace et incontournable

L'action sanitaire et sociale conduite par les missionnaires catholiques et protestants est, après la scolarisation, la seconde composante du compromis avec le pouvoir politique et, subsidiairement, elle distingue la spécificité de leur démarche des objectifs de la colonisation. Mais par son ambiguïté et par la volonté des protagonistes de combattre certaines pratiques traditionnelles, elle affecte bien davantage celles-ci dans leurs implications individuelles et sociétales. À ce titre, elle est aussi arme de déstructuration et d'émancipation, surtout quand on examine la liste non exhaustive des œuvres essentielles qui constituent l'activité des sœurs, des femmes et demoiselles missionnaires secondées par des auxiliaires dévouées. Ces communautés féminines projettent ainsi des images maternelles et rassurantes, associées aux valeurs d'organisation et de travail consciencieux comme dans un ouvroir. Citons parmi leurs tâches multiples, l'école précédée parfois d'un asile, d'un jardin d'enfants et prolongée par un ouvroir où les jeunes filles sont initiées aux travaux ménagers, l'internat, le dispensaire, l'hôpital, la visite des villages et le soin des pauvres, la léproserie[5], l'atelier pour les enfants des lépreux éloignés de leurs parents dès la naissance. Leur activité englobe en outre la formation chrétienne des futures mères de famille, l'éducation des « Paulins » (du père Joseph de Villèle) ou enfants métis, orphelins ou non reconnus confiés à leurs établissements.

> « Il y a beaucoup à faire au point de vue santé publique dans nos districts par ces temps de crise, constate le pasteur Vernier en février

5. Des centres d'assistance subventionnés par l'administration et confiés aux missionnaires leur sont réservés : Ambanja aux sœurs franciscaines, Ambatoabo aux Filles de la Charité (Lazaristes), Manankavaly et Mangaramo aux diaconnesses protestantes, etc.

> 1935. La peste sévit, de même que le paludisme et les organismes affaiblis par sous-alimentation ou insuffisance vestimentaire sont un terrain d'élection pour ces maladies et beaucoup d'autres auxquelles vient s'ajouter une grosse épidémie de grippe »

La présence compatissante des missionnaires aux maux physiques des autochtones ou aux conséquences désastreuses des cataclysmes (inondations, intempéries, cyclones) participe de l'action caritative qui justifie d'en appeler éventuellement à la solidarité chrétienne. Tous les missionnaires tentent en réalité par différentes mesures de s'attaquer aux causes de la pauvreté dans des domaines aussi divers que l'orphelinat, l'école des aveugles et des sourds-muets, le foyer des jeunes ou les centres médicaux dans les régions rurales éloignées. Ces centres sont autant de foyers d'évangélisation et de vulgarisation de la médecine occidentale qui rompent avec la médecine traditionnelle du devin-guérisseur, rendant la situation des médecins malgaches parfois délicate. À la fin des années 1940-début 1950, avec un peu plus de 4 Mhab, l'île compte quelque 400 à 500 médecins malgaches dont plus de 354 sont fonctionnaires dans les 57 hôpitaux, 207 postes médicaux, 287 maternités et postes d'accouchement, 16 léproseries et 21 lazarets[6].

Par ailleurs, la collaboration des sœurs et des femmes pasteurs avec le Service de Santé initialement organisé par les autorités coloniales dans le cadre du développement économique de l'île s'en trouve renforcée. L'Association française Raoul Follereau (AFRF) apporte plus tard son soutien aux efforts des centres de traitement pour les adapter aux nouveaux enjeux de la lutte contre les maladies. Enfin, directement ou indirectement, l'action des communautés féminines favorise l'évangélisation et ne peut qu'encourager le mariage chrétien. Dans le diocèse de Fort-Dauphin par exemple, en distribuant biberons et remèdes aux tout-petits, les Filles de la Charité gagnent en retour, gratitude et entière confiance des mères qui apportent volontiers leurs nourrissons[7].

---

6. Radody-Ralarosy Paul, Dr, « Les médecins dans les relations franco-malgaches », *Cahiers Charles de Foucauld*, n° 21, 1er trimestre 1951.

7. ACM (Lazaristes). Madagascar méridional, *Rapport de sœur Lagleize sur les écoles de Fort-Dauphin*, Bulletin des Missions lazaristes, 1938.

Émergence de la presse missionnaire et stratégie de « façonnement » de l'opinion à l'image chrétienne

Madagascar a célébré en 1966 le centenaire du premier journal imprimé en langue malgache: Teny Soa – la bonne parole – et s'honore d'une profusion de publications. Au début de la colonisation, le bilan des travaux missionnaires, protestants et catholiques est élogieux: traduction de la bible, élaboration de la grammaire et du dictionnaire en malgache, publication de travaux scientifiques ou fondation, mais par Gallieni, de l'Académie Malgache. Dans l'entre-deux-guerres, en période de vive concurrence doctrinale, la presse est la grande force des missions protestantes. On peut signaler sur les hauts plateaux, le journal de l'Association des anciens élèves de la mission protestante, le *Mpandinka* – l'*Informateur* – hebdomadaire et le *Mpamaly* – *Le Semeur* – organe mensuel de la mission[8].

Importance des forces respectives[9]

Publications (livres, brochures, tracts de propagande, sauf les périodiques):

- Missions catholiques: 100 publications
- Imprimerie FMA: 94 publications
- Mission anglicane: 26 publications
- Imprimerie LMS: 166 publications
- Mission norvégienne: 60 publications

soit un total de 346 publications en langue malgache, auxquelles les catholiques n'opposent que 100. Elles sont complétées par des journaux et revues sortis des imprimeries protestantes.

8. Extrait du rapport de la Conférence de Madagascar, année 1925, dans JME, 1926.

9. ACSSp.-2MI-6a[9], Mgr Pichot, *Rapport sur les Missions à Madagascar*, Majunga, 1929. À Tananarive, les protestants éditent en 1929: 16 journaux ou revues, 7 ou 8 mensuels et des hebdomadaires tirés à 3000 exemplaires, et en face, les Jésuites: 1 revue religieuse bimensuelle à 16000 exemplaires, 1 bulletin mensuel, *Le Messager du Cœur de Jésus*, en français, et 1 bulletin mensuel de l'Association de la jeunesse catholique. (A.C.S. Sp.2MI, 10[2], Madagascar: la presse dans *Le Messager*, avril 1927). A.J.F. (Archives des Jésuites de France) II, B, FMA 141: Madagascar, *Documentation sur les Missions*, extrait du *Messager*, juin 1927.

Du côté des catholiques :
- les journaux :
  - *La Croix*, hebdomadaire illustré, sous contrôle des Jésuites.
  - *Le Fenomanna* – la *Pleine Lune* – hebdomadaire également illustré et publié sous contrôle des Frères des Écoles Chrétiennes.
- Revues en général mensuelles et sous contrôle des Jésuites :
  - *Ny Feon'ny Marina – La Voix de la Vérité* – bimensuelle à la fois Messager du Sacré Cœur et Semaine religieuse.
  - *Fahazavana – Clarté* – dont plusieurs rédacteurs sont des pères malgaches.

Outre les périodiques, les imprimeries des missions de Tananarive et de Fianarantsoa fournissent les vicariats de l'île en livres scolaires, catéchismes et livres de piété.

Après la guerre, d'autres publications hebdomadaires ou mensuelles alimentent le réseau d'information entre les centres et les groupements de campagne, tandis que certains titres déjà s'imposent: Isan'andro, quotidien édité à Tananarive, *Ny Fainana*, l'hebdomadaire *Lumière* (édité depuis 1936) de langue française à Fianarantsoa, et *Lakroa* en malgache.

Cependant, avant la promulgation de la loi sur les associations en 1946, l'administration tolérait déjà, en dehors des écoles et des foyers animés par des éducateurs, la présence d'associations religieuses dans l'encadrement des jeunes[10]. On peut mentionner, entre autres, les scouts et les guides, les Cœurs vaillants et Ames vaillantes, les éclaireurs et éclaireuses unionistes de France, les tertiaires, ou encore le FET (Fivondronana Eokaristi-Kan'ny Tanora), un grand mouvement de jeunes. Quant à la légion de Marie, elle assure la récitation du chapelet et la visite des malades à domicile ou dans les centres médicaux.

La tendance à la malgachisation de certains mouvements d'Action catholique française se confirme également, tels que le mouvement des jeunes – Fon-dehilahy – et la JEC – Tampikri.

Ainsi, l'action multiforme des missionnaires, portée par une presse de propagande puissante, soutenue par des associations de bienfaisance et, du côté des catholiques notamment, irriguée en permanence par des fonds en provenance d'autres Églises extérieures, a permis aux missions chrétiennes de résister et de survivre aux turbulences politiques. Rien d'étonnant puisque les élites bour-

---

10. Rajaonarison Alain-Aimé, *Les associations sous la colonisation à Madagascar*, L'Harmattan, 2008.

geoises merina et non merina, malgré l'inégal accès à l'enseignement, se prévalent de la culture acquise qui active l'ascension sociale et politique pour légitimer leur farouche ambition à exercer le pouvoir.

Vicariats	Missionnaires	Frères	Sœurs
Antsirabe (1913)	RR.PP de la Salette Séculiers malgaches	Petits frères de Marie	Sœurs de la Providence
Diego-Suarez	RR.PP du St Esprit	Fr. de St Gabriel	Filles de Marie S. cat. Miss. Marie Immaculée S. du St Esprit
Fianarantsoa (1913)	RR. PP. Jésuites Montfortains Séculiers malgaches	Fr. des Écoles chrétiennes	St. Joseph de Cluny Réparatrices
Fort-Dauphin (1898)	RR. PP. Lazaristes		Filles de la Charité
Majunga (1923)	RR. PP du St Esprit	Fr. de St Gabriel	Filles de Marie St Joseph de Cluny S. du St Esprit
Tananarive (Fondé en 1845)	R.P.Jésuites Trinitaires Prémontrés Séculiers malgaches	Fr. des Écoles chrétiennes du Sacré-Cœur Xavériens malgaches	St Joseph de Cluny S. de la Providence Franciscaines de Marie S. Trinitaires Carmélites

Des missions protestantes aux dénominations différentes en 1950

Noms et initiales	**Églises**	**Fidèles**	**Mission-naires Personnel européen**	**Pasteurs Catéchistes Malgaches**
London Missionary Society-LMS (la Mission de Londres)	1 106	200 000 + 39 154[1]	20	811
Society Propagation Gospel-SPG Mission Anglicane	336	26 000	5	50
Friends Foreign Mission Association-FFMA (association des missions étrangères des Amis)	372	40 000	4	35 200[2]
Mission Luthérienne Norvégienne ou société des Missions norvégiennes – NMS –	1402	155 000 57 501	55	192 1 092
Lutherian Board of Missions – LBM –	92	1 200	6	12 94
Evangelican Lutherian Mission America – LMA –	143	23 000	17	24 154
Société des Missions Evangéliques de Paris ou Missions Protestantes Françaises – MPF –	1692	250 000	32	145 199
Missions Adventistes	29	560	8	18
Totaux	**5 172**	**803 575**	**147**	**3 026**

Observation:
1: le premier chiffre est celui des fidèles adhérents, le deuxième chiffre, celui des membres communiants.
2: le premier chiffre est celui des pasteurs consacrés, le deuxième celui des catéchistes et évangélistes.
(source: Jean Brice, l'œuvre des Missions protestantes à Madagascar, *cahiers Charles de Foucauld*, n° 24, 1951).

Vicariats et préfectures apostoliques
1949-1950

(*Cahiers de Foucauld*, n° 21, 1951)
Division de l'Île en 11 missions (8 vicariats et 3 préfectures)

Missions	**Catholiques**	**Catéchumènes**	**Prêtres**	**Frères**	**Sœurs**
			Européens et Malgaches		
Ambanja	9888	2598	22	4	7
Antsirabe	126434	5502	26	40	47
Diégo-Suarez	39960	10339	48	–	64
Fianarantsoa	188000	6000	81	30	97
Fort-Dauphin	67108	5140	35	4	85
Majunga	28660	10387	37	7	29
Miarinarivo	40019	9333	15	9	8
Morondava	21553	2623	13	1	8
Tamatave	43022	3154	24	25	37
Tananarive	149272	5860	91	116	188
Tsiroanomandidy	8826	6800	8	3	–
Totaux	**722742**	**67766**	**400**	**248**	**570**

1. *Statistiques Religieuses*
L'Église catholique à Madagascar en 1961
(population en 1962 : 4,5 Mha, dont 2 M de chrétiens)

Circonscriptions ecclésiastiques	Baptisés	Catéchumènes
Archidiocèse de Tananarive (Jésuites)	217292	7861
Diocèse d'Ambatondraza	35595	14772
Diocèse d'Antsirabé (Salésiens)	179021	25072
Diocèse de Miarinarivo	43210	2010
Diocèse de Tamatave (Pères de la compagnie de Marie)	66883	2604
Diocèse de Tsiroanomandidy (Trinitaires espagnols)	24050	8030
Archidiocèse de Diégo-Suarez (Spiritains)	55967	15351
d'Ambanja (Capucins)	15228	3459
Diocèse de Majunga (Spiritains)	40025	704
Archidiocèse de Fianrantsoa (Jésuites)	303942	6072
Diocèse de Farafangana (Lazaristes)	59488	2419
Diocèse de Fort-Dauphin (Lazaristes)	20765	1613
Diocèse de Morombe	6930	316
Diocèse de Morondava (Salésiens)	16374	3498
Diocèse de Tuléar (assomptionistes)	24183	641
Totaux	**1110053**	**94422**

(Source : ACSSp. 2M1, 10^3, Statistiques religieuses Madagascar).

2. *Statistiques des confessions protestantes*
à Madagascar en 1958 fournies par le bureau protestant

Communiés :	203 667
Ceux qui vont au temple :	675979
Total	**879646**

(Statistiques tirées de *L'Ami du clergé malgache*, janvier-février 1962 publié par les Jésuites de Tananarive).

Transport par pirogues. Source : Madagascar. Archives nationales, Section Outre-mer.

3

Impasses et ambiguïtés chez les uns, frustrations et déceptions chez les autres (1920-1939)

Hormis leurs collègues de nationalités étrangères, les missionnaires partagent avec l'administration et les milieux coloniaux, avons-nous souligné, la tendance d'imposer dans l'île leur modèle culturel et politique. Peu importent les conclusions des études ethnologiques initiées dans les années 1930 qui invitent déjà à une vision différente, donc moins réductrice des missionnés et de leur culture. Car la pérennité du fait colonial bien ancrée en métropole ne laisse présager, avant le décrochage de l'Église à Madagascar en 1953, aucune évolution de la colonie qu'à très longue échéance. Par conséquent, rien n'encourage les missionnaires à s'adapter aux Malgaches invités à partager la doctrine et les pratiques chrétiennes, d'une part, ou à adapter leur message en prenant en compte, voire en y intégrant les réalités identitaires vernaculaires de l'île, d'autre part. Enfin, tandis que leur efficacité dépend aussi de leur capacité à se démarquer des autres projets du colonisateur, c'est un christianisme fragmenté, source de clivages sociaux, auquel ils proposent d'adhérer. Parallèlement se poursuivent les attaques anticléricales des loges maçonniques qui reprochent aux missionnaires leur pouvoir démesuré et à l'administration une trop grande complaisance à leur égard. Marius Roche, vénérable de la loge Imerina de Tananarive, s'en inquiète et sollicite l'intervention de Paris:

> « Nous vivons dans un pays absorbé par les missions religieuses de tous ordres et de toutes confessions qui trouvent dans la faiblesse des indigènes une proie facile que nous essayons jour par jour de leur disputer. Notre action laïque et sociale sur les autochtones évolués mérite d'être soutenue par un représentant dûment qualifié »[1].

1. GLF, carton 310, Loge Imerina, Orient de Tananarive: Marius Roche, *vénérable de la loge, aux membres du Conseil Fédéral à Paris*, Tananarive, 2 août 1938.

Leur prise de position s'insère dans une stratégie maçonnique globale centrée d'abord sur la « mission civilisatrice » de la République surtout au lendemain de la loi de séparation de 1905, puis après 1945, pour tenter de neutraliser l'influence du communisme dans les milieux intellectuels des territoires d'outre-mer. Or, Madagascar a été dirigé également par des gouverneurs généraux maçons que l'épiscopat catholique a courtoisement accueillis.

L'utopie de la rhétorique de l'assimilation « à la française »

Comme le système colonial offre l'assimilation « à la française » et ne privilégie pas l'association mieux adaptée pourtant à la diversité des colonies, l'obtention des droits politiques devient dans l'entre-deux-guerres la priorité des élites malgaches, persuadées que la naturalisation c'est-à-dire l'égalité des droits avec les Français marquerait un grand pas vers la décolonisation. D'autant que l'Île a participé à l'effort de guerre des colonies en fournissant à la métropole de nombreux produits et des milliers de ses enfants ont été recrutés: 34386 engagés en Europe et 3101 morts au combat[2]. Mais entre les élites encore attachées à leur identité et voulant l'indépendance, et les implications d'une assimilation politique excluant tout divorce d'avec la métropole, l'ambiguïté va persister jusqu'en 1946. Le critère de sélection des nombreux solliciteurs permet de n'accorder la citoyenneté française qu'à quelques Malgaches soigneusement choisis et issus en grande majorité de la bourgeoisie merina[3]. En 1925, l'adoption d'une mesure coercitive et humiliante ajoute à l'ambiguïté du projet assimilateur; il s'agit du SMOTIG – service de la main-d'œuvre pour les travaux d'intérêt général – élargi aux entreprises privées. Cette forme de travail forcé que subissent d'autres colonies françaises vient aggraver le régime de l'indigénat déjà en vigueur. Ainsi, le règlement de délits comme le maintien de l'ordre échappe au champ d'application des lois de la métropole et relève d'une simple décision administrative. Mais si la

---

2. Jennings Eric, « Madagascar se souvient: Les multiples visages du monument aux morts du lac Anosy », Antananarivo, dans *Outre-Mers*, revue d'Histoire, 1er semestre 2006, n° 350-351, p. 130.

3. Avec un peu plus de 2 millions de chrétiens sur quelque 5 millions d'habitants que compte l'île en 1959-1960, seuls les missionnaires réalisent autrement une forme d'assimilation contestable ou non, mais visible.

loge maçonnique La Fraternité Universelle d'Ambositra est prompte à condamner ce « caporalisme administratif », elle défend au contraire le respect de telles prérogatives dans certains districts périphériques, à l'exception des provinces des hauts plateaux (Imerina et Betsileo) où il ne se justifie plus. Sa conclusion générale se résume à mettre en cause la gouvernance du principal responsable, Olivier:

> « Les pouvoirs administratifs, tels qu'ils existent à Madagascar, sans contrôle, sont dignes d'une autocratie, mais non d'un gouvernement républicain. Tous les services sont dominés par le désir de conserver les situations acquises, d'étouffer les affaires, d'éviter les histoires, l'exemple venant d'en-haut[4] ».

Avec l'implantation forcée de la culture centralisatrice de la métropole, les Européens ignorent généralement la langue malgache et laissent donc l'administration entre les mains des anciens cadres de la monarchie merina. Privés de toute responsabilité importante, ceux-ci se retrouvent à des postes subalternes dans des régions autres que la capitale Tananarive érigée en gros centre décisionnel. En attendant la formation de nouvelles générations de cadres issus d'autres ethnies, ils sont en effet les seuls capables d'en assurer la bonne marche ainsi que celle des entreprises coloniales.

Les conditions objectives semblent alors réunies pour regrouper en dehors des cadres protestants, d'autres élites au sein du VVS, un mouvement clandestin dont le nationalisme plutôt modéré réclame des réformes profondes. Il est éventé en 1915 parmi les élèves ou anciens élèves en majorité merina de l'école Le Myre de Vilers et de l'école de médecine de Tananarive, tandis qu'il reste sans écho dans les provinces. Les missionnaires surtout protestants et, à moindre échelle, catholiques suspectés de les avoir encouragés démentent. Dans une déclaration publiée plus tard par le père Le Cam (mission de Marovoay), ils s'estiment même victimes: « Le VVS a bien essayé de chasser ou de tuer les Européens. Le communisme aussi a été un peu à la mode, tout cela après quelques soubresauts sans conséquence, semble oublié[5] ». Situation désagréable en

---

4. GLF (Grande Loge de France), carton 467. Madagascar, loge de la Fraternité Universelle, Orient d'Ambositra, *Rapport du frère orateur Marillier sur la situation juridique et sociale des indigènes et des colons*, 20 février 1925.

5. ACSSp.Maj. 2MI-11a[4]. Majunga. *Écrits de missionnaires*. Période de 1940-1948. Conférence du père Le Cam tenue à Vichy sur les événements de mars 1947. Vichy, 28 mai 1948.

revanche pour les collaborateurs locaux, catéchistes ou évangélistes, désormais soumis à une étroite surveillance par une administration déboussolée et fragilisée par la guerre.

À partir des années vingt, l'activité économique constitue la préoccupation essentielle du gouvernement général et aucune évolution politique n'est envisagée. Dans ce contexte, l'institution du prélèvement obligatoire de main-d'œuvre en 1926 que les Malgaches vivent comme un retour à l'esclavage, amorce une lente prise de conscience. Leur motivation en sort décuplée pour courir désormais après une assimilation effective et, dans l'immédiat, une égalité des droits avec les Français. Un des anciens combattants, Jean Ralaimongo, souscrit à cette vision séduisante en participant en 1920 à Paris à la fondation d'une « Ligue pour l'accession des Indigènes aux droits de citoyens français ». Bien décidé à populariser sa démarche audacieuse et politiquement sensible, cet instituteur betsileo rentre dans son île deux ans plus tard et s'installe à Diégo-Suarez en novembre 1923. Après une période où il focalise ses principales critiques sur les abus des colons ou des administrateurs ou encore sur les expropriations jugées arbitraires des petits paysans au profit des grandes concessions, il lance en 1927 un journal contestataire en français, *L'Opinion*. La censure infligée déjà à la presse malgache est renforcée par la présence obligatoire d'un Français à la gérance (décret du 15 décembre). Mais rien ne semble dissuader Ralaimongo de défier le régime et de se départir de son objectif. La lutte se poursuit donc dans la capitale Tananarive où doit se tenir une conférence sur « Madagascar, ses besoins, ses revendications ».

Et, comme les Malgaches interdits de tout droit de réunion réservé aux seuls citoyens français ne peuvent accéder à la salle de conférence, ils déclenchent le 29 mai 1929 une protestation massive dont les slogans exigent précisément la liberté d'expression et le retour de « Madagascar aux Malgaches ».

Ce premier coup d'audace politique qui interpelle sur le problème particulier de la condition autochtone et en annonce d'autres, est révélateur des contradictions de la rhétorique de l'assimilation, c'est-à-dire de l'extension des libertés françaises aux territoires coloniaux, laquelle recouvre les différences sous le drapeau et l'hymne. On mesure l'impact psychologique de la manifestation quand *L'Opinion* s'autorise d'élargir la liste des revendications en y incluant la suppression de l'indigénat, l'abrogation de la loi d'annexion de 1896 et la restauration de l'État malgache. Le glissement inévitable vers le nationalisme par désillusion et sous l'influence de Paul Dussac proche des thèses assimilationnistes, devenu rédacteur du journal après l'arrestation de Ralaimongo pour « atteinte au respect de l'autorité », est l'une des conséquences politiques de l'ambiguïté du grand projet utopique. Dans un article intitulé « L'agitation communiste » daté du 11 janvier 1930, *l'Écho du Sud* condamne les responsables des troubles, « membres de la camarilla malgache », et approuve la décision de Paris de les exclure des bénéficiaires de la grâce présidentielle[6]. Le nouveau gouverneur général Léon Cayla qui remplace Olivier se sent donc soutenu dans sa lutte contre les adhérents de la section locale du Secours Rouge international – SRI – et contre les collaborateurs de *L'Aurore Malgache,* journal lancé en 1930 par Paul Dussac. Mais c'est la condamnation de Ralaimongo, frère de la Grande Loge, et de Ravoahangy à la résidence forcée sur la côte ouest, qui déclenche la diatribe de la loge maçonnique « La Fraternité Universelle » de Fianarantsoa contre le parti pris politique de l'administration :

> « Notre atelier a estimé que le Comité de la Ligue des Droits de l'Homme de Tananarive avait raison de protester contre le corporatisme du gouverneur général Cayla qui a réellement attenté à la liberté individuelle en condamnant le Frère Ralaimongo et le profane Ravoahangy à la résidence fixe de Port-Bergé pour le premier et de Maintirano pour le second. À Madagascar règne en maître absolu Cayla qui vicie le fonctionnement normal de la justice par ses immixtions autoritaires »[7].

C'est surtout l'occasion pour l'atelier malgache de la Grande Loge de fustiger le comportement qualifié inamical des autres frères, en particulier ceux du Grand Orient – France Australe – qui ont désavoué le Comité central de la Ligue :

> « Ces attitudes paraissent trop tributaires du désir de complaire au despote Cayla, ce qui pourrait faire supposer quelque dessein mal déguisé de rechercher des faveurs administratives. Toutes choses que nous tenons pour incompatibles avec l'esprit de la Ligue et avec l'esprit maçonnique ».

Enfin, au-delà des dénégations de quelques missionnaires catholiques, les milieux religieux expriment également le sentiment de malaise général. Sur le territoire de Diégo-Suarez divisé en deux

---

6. GLF. Carton 467, Madagascar, « L'agitation communiste », dans *L'Écho du Sud,* hebdomadaire du sud de Madagascar, n° 39 et 40 des 4 et 11 janvier 1930.

7. GLF. Carton 467, Madagascar, Loge « La Fraternité Universelle », Orient d'Ambositra, rapport au Conseil fédéral de la Grande Loge de France à Paris, Fianarantsoa, 14 janvier 1931.

provinces civiles[8], Diégo et Maroantsétra, Mgr Fortineau constate ainsi une inquiétante montée du mouvement de revendications et prévoit des risques de troubles graves. Sous une apparente naïveté, il s'empresse de disculper ses fidèles qui seraient mieux disciplinés que les autres (les protestants) et plus soumis à l'autorité[9]. Trois missions protestantes œuvrent effectivement dans le nord : la Société des Missions évangéliques de Paris – SMEP –, la Mission anglicane High Church de Londres et la Société missionnaire de Londres – LMS –. Leur mise en cause directe par l'évêque de Diégo s'inscrit d'abord dans le climat d'émulation interconfessionnelle de l'après-guerre. En outre, on sait que la présence des missions anglaises qui a toujours suscité une forte méfiance des autorités françaises devient un facteur politique aggravant en période de crise. Ce qui est le cas. Enfin, on ne peut sous-estimer le poids des francs-maçons dans le domaine colonial : adversaires ou alliés de l'administration suivant les circonstances et en fonction de leurs intérêts, ils sont toujours prompts à dénoncer toute bienveillante attention du gouverneur général Olivier à l'égard des missions. Son rappel est alors demandé avec insistance « en raison de sa médiocrité, en raison aussi de sa partialité révoltante en faveur des adeptes de toutes les confessions et en particulier pour les protestants, en raison surtout de ceux qui pensent librement et en particulier vis-à-vis des francs-maçons »[10]. Olivier rentre donc en métropole, remplacé par Cayla. Bref, l'anticléricalisme maçonnique ne désarme pas malgré le rétablissement des relations diplomatiques entre la République et le Vatican. Quant au magistère catholique, il maintient lui aussi la peine de l'excommunication conformément au code de droit canon de 1917.

Du côté des protestants de toutes dénominations, circonspects depuis l'affaire du VVS, le constat est pourtant le même, remarque lucidement le pasteur Mondain en 1926 :

> « À Madagascar, nous ressentons vivement aujourd'hui les contre-coups de tout ce qui s'est passé depuis 1914. Parmi les jeunes surtout, des ambitions se font jour, des désirs nouveaux fermentent. Trente ans de contact avec les indigènes d'ici nous semblaient constituer une expérience complète des choses et des

---

8. *Ibid.*

9. ACSSp.2MI-4a[6], Diégo-Suarez. Mgr Fortineau, vicaire apostolique, à la Propagande, 1er octobre 1927.

10. GOF, Madagascar. Loge *L'Action Républicaine*, Orient de Diégo-Suarez, rapport sur la « Protestation contre l'attitude du Gouverneur Général Olivier », Diégo, 10 août 1928.

gens de Madagascar. Et voici qu'ils nous font sur certains points au moins réviser nos jugements. Nos chrétiens en particulier sont assez souvent désorientés devant les nouveaux problèmes qui surgissent[11] ».

Le désir d'indépendance religieuse des églises de la capitale est un des problèmes délicats de la fin de la décennie, et le soutien appuyé que leur apporte le pasteur Ravelojoana, une des figures du nationalisme malgache, alourdit encore le climat de malaise, voire de crise feutrée. En somme, la vigilance du pastorat européen a été mise en défaut par une perception déconnectée de la réalité, comme s'en explique encore Mondain :

> « Nous sommes de plus en plus préoccupés par un état d'esprit difficile à définir, mais dont les manifestations se font de plus en plus hardies »[12].

D'autant que la nouvelle donne politique qu'ils doivent prendre en compte est le ralliement de plusieurs de leurs collaborateurs locaux de premier plan à une partie de la jeunesse dont ils partagent l'impatience et les aspirations. Enfin, c'est avec la complicité tacite des loges maçonniques que l'administration continue d'exploiter à son avantage la dissension entre pasteurs de la capitale et ceux des autres provinces. Un tel agrément alimente le malaise ambiant et soulève des interrogations sur le pastorat merina soupçonné de chercher à contrôler les autres Églises malgaches pour satisfaire des ambitions politiques[13]. Du côté des missionnaires européens, prudence et méfiance semblent donc la règle même si leur réponse se veut ouverte et de grande compréhension :

> « Nous sommes tout disposés à laisser à nos collaborateurs malgaches des responsabilités toujours plus grandes[14]. »

---

11. Mondain G., « Quelques réflexions sur l'état actuel de l'œuvre protestante à Madagascar », Tananarive, 24 décembre 1926. Lire aussi ou relire Thibault Agnès, *Les milieux protestants au nord de l'île de Madagascar : leur évolution perçue à travers les archives de la MPF*, 1927-1936.

12. Archives SMEP. Madagascar, *Rapport du pasteur Mondain* sur la Conférence générale de la Mission de Madagascar tenue à Tananarive du 2 au 9 avril 1929.

13. Archives SMEP, Madagascar, pasteur Becker au pasteur Couve Daniel à Paris, Tananarive, 28 août 1935.

14. Archives SMEP, Madagascar, *Conférence générale sur la Mission*, du 2 au 9 avril 1929, rapport Mondain.

En réalité elle exprime surtout la crainte que ne se confonde leur aspiration légitime à l'indépendance religieuse avec des velléités nationalistes et la propagande communiste.

C'est une fin de décennie également délicate pour les milieux missionnaires catholiques. Sous le thème « Le problème social aux colonies », la Semaine sociale de Marseille y consacre sa XXIIe session, du 28 juillet au 2 août 1929. Et tout en s'efforçant de convaincre que l'Église ne s'oppose pas à l'indépendance des pays non européens, le père Albert Valensin dénonce à son tour l'ambiguïté de la politique française favorable tantôt à l'assimilation, tantôt aux cultures locales en fonction de ses intérêts propres[15].

Ainsi, au sortir de la guerre jusqu'au début des années 1930, la France cherche davantage à renforcer son emprise économique qu'à respecter des promesses d'assimilation irréalistes. La déception des plus modérés du mouvement nationaliste nouvellement créé est alors patente. Mais en métropole, l'heure est à la glorification de l'Empire avec l'Exposition des « colonies » et « pays d'outre-mer » de 1931, tandis que se dégradent sur la question coloniale les relations entre socialistes et communistes, ceux-ci favorables à la formation outre-mer de partis communistes.

Des velléités de réformes et, de nouveau, déception et montée des mécontentements (1936-1939)

Cette Exposition coloniale de Paris-Vincennes est surtout une énorme opération de propagande destinée à convaincre une opinion sceptique de l'importance que la métropole accorde à ses possessions d'outre-mer. On avance 34 millions entrées, mais seulement quelque 8 millions de visiteurs dont la moitié de Parisiens sont venus découvrir les pavillons représentant les différents peuples soumis à son autorité. L'Empire triomphe. Le délégué général de l'Exposition, Olivier, ancien gouverneur général de Madagascar déclare même que « la cause des colonies françaises sera une cause gagnée le jour où, délaissant pour un instant les spéculations philosophiques auxquelles les questions coloniales donnent trop souvent lieu chez nous, on s'attachera méthodiquement à faire comprendre

---

15. Valensin Albert, R.P., professeur à la faculté de théologie de Lyon, lors de la XXIIe session de la Semaine sociale de France tenue à Marseille, du 28 juillet au 2 août 1929, dans *Bulletin des Missions*, 1929.

au public le rôle exact et l'importance du facteur colonial dans la vie économique et sociale de la Nation ».

Pourtant, l'Exposition suivie de celle des Arts et Techniques en 1937 annonce déjà le crépuscule colonial alors que la France avoisine avec l'Empire les 100 millions d'habitants selon Paul Reynaud, ministre des Colonies en 1931, et qu'elle s'applique à renvoyer l'image d'une grande puissance mondiale ou, du moins, à rappeler aux nationaux leur grandeur passée. Peu de métropolitains, il est vrai, perçoivent l'évolution en cours dans l'Empire. Or, face aux répercussions politiques de la crise économique, la nouvelle appellation purement symbolique du ministère des Colonies devenu en 1934 celui de la France d'Outre-mer (FOM) n'a aucun effet sur la réalité quotidienne des autochtones, pendant que la restructuration de l'économie coloniale est source de tensions sociales et de mécontentements.

Deux rapports missionnaires, protestant et catholique, tracent un tableau général de la précarité des ménages dans la région des hauts plateaux et sur la côte ouest.

> « Actuellement, à peu près rien ne se vend, déplore le pasteur Mondain. Le riz est descendu dans la campagne à un prix dérisoire, à tel point que ceux qui ont des rizières étendues sont décidés à n'en cultiver que ce qui est nécessaire à leur consommation personnelle. Car les sommes à payer à des aides de culture seraient très supérieures à celles qu'on récupérerait pour la vente des produits obtenus »[16].

Sur la côte ouest, les effets de la crise ressentis surtout à partir de 1934 sont amplifiés par d'autres désastres: récoltes déficitaires et bas prix des matières premières qui forment l'essentiel du commerce. Il s'ensuit un inévitable exode rural et donc la disparition de plusieurs postes missionnaires de campagne vidés de leurs fidèles. L'extension menaçante de la peste et les mesures de protection imposées par le gouvernement ajoutent aux préoccupations quotidiennes de la côte ouest jusqu'alors relativement préservée. A cette date sont découverts quelques foyers de l'épidémie introduite par ceux qui ont fui les hauts plateaux où sévit la peste[17], en attendant l'utilisation rapide du vaccin antipesteux mis au point par

16. Mondain G., pasteur, Madagascar, « Rapport sur les répercussions de la crise », Tananarive, 15 août 1933, *Journal des Missions évangéliques* (JME), 1934.

17. ACSSp.2MI, 6a^{2} et 6a^{3}, Majunga, *Rapport quinquennal, 1930-1935*, Mgr Pichot à la Propagande, 16 octobre 1934 et 8 septembre 1935.

les docteurs Georges Girard et Jean Robic à l'Institut Pasteur de Tananarive en 1935.

Le changement d'habitat pour faciliter la recherche du travail et de meilleures conditions de vie leur procure l'illusion apaisante d'échapper aux effets de la crise ou de se préserver de la peste qui frappe leur entourage. Mais les précautions appropriées prises par les services médicaux sont perçues comme des mesures vexatoires attentatoires à la liberté de déplacement et elles deviennent un autre motif de fuite pour s'y soustraire. Autorités administratives et missionnaires peinent donc à exercer un contrôle prophylactique rassurant et efficace sur ce comportement collectif où se mêlent la crainte de la contagion, des habitudes anciennes et des regards négatifs portés sur la peste. En 1937, c'est une nouvelle poussée qui affecte cette fois le sud du vicariat où les effets pervers des règlements de quarantaine et de prophylaxie désorganisent également plusieurs postes missionnaires[18].

Dans une conjoncture aussi déprimée, l'avènement du Front populaire en France ne peut rencontrer dans l'île qu'un accueil enthousiaste et susciter une reprise des espoirs assimilateurs. Or, en acceptant finalement le fait colonial, le Cabinet Blum s'efforce en contrepartie de détendre les esprits par la libération des prisonniers politiques. L'essentiel de son bilan (mai 1936 – avril 1938) porte sur l'organisation des syndicats, mais avec quelques réserves, et la promulgation de certaines réformes sociales. Même l'accès à la citoyenneté française (décret du 7 avril 1938) n'est offert qu'aux jeunes gens « ayant acquis par leur labeur et leur intelligence une culture française attestée par des diplômes d'enseignement supérieur ». Cela laisse sur un sentiment d'inachevé, une sensation de malaise que confirme l'évêque de Majunga :

> « Il y a partout une incertitude et une défiance difficiles à extirper. On constate un esprit assez différent de ce qu'il était d'ordinaire dans les usines ou industries établies par ici »[19].

La progression du communisme dont les feuilles en langue malgache se multiplient avive encore l'inquiétude des milieux missionnaires. L'étroite ouverture politique offre à certains Malgaches l'opportunité inespérée de créer dans la capitale le PCRM (Parti communiste de la région de Madagascar) dont le succès gagne

---

18. ACSSp.2MI, 6a^3, Majunga, Mgr Pichot à la Propagande, 30 octobre 1937.

19. ACSSp.2MI, 7a^3, Majunga, Correspondance 1932-1936. Mgr Pichot, rapport des 6 et 29 octobre et 5 décembre 1936.

surtout les régions déjà réceptives à la propagande du SRI (Section Rouge internationale)[20]. L'adhésion des villes de Diégo et de Majunga précède même celle des capitales comme Tuléar et Fianarantsoa. Le PCRM propose l'indépendance de l'île et, avant de se saborder en 1938, regroupe de nombreux mécontents responsables du remue-ménage qui a secoué Tananarive. L'administration toujours prompte à réprimer est invitée, cette fois, à plus de retenue par le ministre des Colonies qui recommande fermement au gouverneur général soit de changer de comportement, soit de s'attendre à une mutation-sanction[21]. L'intimidation a porté : Majunga a accueilli dans une relative passivité mais sous surveillance discrète, une conférence communiste où les participants majoritairement protestants ont réclamé le départ des Européens. Lors de sa tournée en septembre, le gouverneur général intérimaire doit même solliciter, par sage précaution, la collaboration des missionnaires catholiques pour surveiller étroitement les chrétiens du diocèse. Mgr Pichot évidemment accepte, observant avec une feinte modestie que chrétiens et missionnaires se tiennent déjà à l'écart de toute effervescence :

> « Nous nous efforçons de garder nos chrétiens à l'abri de tous les éléments subversifs qui cherchent à les entraîner. Ces éléments ne comprennent pas seulement des indigènes mais aussi des Vazahas (Européens) qui essaient de pousser les indigènes en avant ».

Et de glisser en guise de conclusion :

> « C'est une conduite que nous avons toujours suivie et nous n'avons aucune envie d'en changer. En ces pays surtout, il est indispensable de se tenir sur ses gardes »[22].

Quelques mois plus tard, en mars 1937, Pie XI rejette solennellement le communisme athée dans son encyclique *Divini Redemptoris* comme « intrinsèquement pervers ». En fait, bourgeoisie malgache, autorités administratives et missionnaires s'accordent déjà sur la

---

20. Pour en savoir plus, voir Koerner F., « Le Secours Rouge international et Madagascar (1930-1934) », *Revue française d'Histoire d'outre-mer*, t. LXXII (1985) n° 269, p. 435-444.

21. *Ibid.*, Mgr Pichot, Majunga, *Rapports des 27 août et 24 septembre 1936*.

22. ACSSp. 2MI, 7a3, Majunga, « Correspondance 1923-1936 et 1932-1936 », *Rapports Mgr Pichot, 27 août et 24 septembre 1936, 6 et 29 octobre et 5 décembre 1936.*

condamnation du communisme. Avec la légalisation du syndicalisme, les missionnaires catholiques redoutent surtout l'installation de la lutte des classes inconnue jusqu'alors dans l'île[23]. Car, selon l'évêque de Diégo-Suarez, l'application des lois sociales encouragerait la paresse et l'appât du gain, contraignant l'administration fort embarrassée à rechercher de la main-d'œuvre étrangère[24] ! Pour utiliser néanmoins la législation au mieux de leurs intérêts et se démarquer ostensiblement de la CGT, les missionnaires reprennent donc l'étude des encycliques « Rerum novarum » et « Quadragesimo anno » dont ils entendent adapter les enseignements aux conditions de vie et de travail de leurs fidèles. L'encyclique « Rerum novarum » du pape Léon XIII (1891) répondrait ainsi aux problèmes complexes soulevés par la question sociale : réaffirmation du droit de propriété, respect de la dignité de l'ouvrier dans son travail, versement d'un salaire juste et création d'associations professionnelles. Dans « Quadragesimo anno » (1931), Pie XI reprend et complète, quarante ans plus tard, le thème de l'encyclique « Rerum novarum » en dénonçant les abus de la propriété. Ces documents pontificaux ont servi de base d'analyse des nouvelles dispositions législatives aux vicaires apostoliques réunis à Tananarive en octobre 1937. La décision finale annonce la constitution d'un seul syndicat, celui des travailleurs d'un même métier, réparti en plusieurs fédérations. D'autres fondations particulières ainsi que des assurances sont envisagées dans les différentes missions. L'étude de ces questions et leur adaptation aux réalités du quotidien du Malgache pour aboutir à la création laborieuse de syndicats chrétiens occupent l'année 1938.

Cependant, entre 1937 et 1938, un scepticisme légitime s'est substitué peu à peu à l'enthousiasme du début et les perspectives d'autonomie se sont évanouies. Lorsqu'en juillet 1936 s'est tenue à Versailles la Semaine sociale sur les « Conflits de civilisation », les semainiers ont occulté la question d'émancipation, encore inconcevable, pour n'envisager qu'une simple collaboration – déjà existante – entre administration coloniale et missionnaires dans le domaine social. Constat décevant : à la veille de la guerre, la pratique scandaleuse de l'indigénat subsiste, même si certains autochtones y échappent (anciens combattants, commerçants, diplômés). Le travail

23. ACSSp.2MI, $6a^{3}$ Majunga, « Prospectus status missionis, 1923-1930 », *Introduction des syndicats professionnels et de leur législation*. Rapports des 15 novembre 1938 et 15 octobre 1939.

24. ACSSp.2MI, 4a6, Diégo-Suarez, *Lettres et rapports à la Propagande*, 1920-1950. Mgr Fortineau, 16 novembre 1938.

forcé, décrié pourtant par le Bureau international du Travail (BIT), est également maintenu. D'autre part, les luttes et revendications politiques depuis la fin des années 1920 ont certes permis de porter à 13 le nombre des communes avec un administrateur-maire et des conseillers municipaux, mais l'arrêté du 6 juin 1939 qui en fixe la répartition accorde aux citoyens français une proportion moyenne de 70% contre 30% aux autochtones largement majoritaires[25].

En définitive, la chute du second et éphémère gouvernement Blum en 1938 ramène au pouvoir en métropole le radical Daladier qui se rapproche de la droite. Pourtant le Front populaire, au-delà de ses déconvenues économiques, a beaucoup œuvré pour limiter l'arbitraire administratif et corriger les abus les plus révoltants dans la gestion du travail forcé. Or, dès 1936, l'état d'esprit a changé, comme l'ont constaté les vicaires apostoliques, et le retour au statu quo antérieur n'est plus envisageable. Les conjectures vont alors bon train sur une possible rupture définitive. C'est ainsi qu'en décembre 1938, trois loges maçonniques élaborent d'un commun accord une longue motion à l'adresse du gouverneur général et du ministre des Colonies Georges Mandel par l'entremise de la Grande Loge de France à Paris. Elles protestent contre une éventuelle cession à l'Allemagne, puissance étrangère, de Madagascar ou d'un des territoires français d'outre-mer, d'Afrique noire en particulier. Elles annoncent à l'appui qu'« un pareil abandon mettrait en péril la sécurité même de la métropole et porterait en outre une atteinte mortelle à la dignité de la France »[26].

Face aux questions coloniales des vingt années de l'entre-deux-guerres (1919-1939), la métropole a adopté en fait des positions fluctuantes tout en maintenant intactes les structures politiques et administratives de son empire. La guerre par ses conséquences va démonter bien des préjugés négatifs et entraîner la disparition des jugements de valeurs.

---

25. Massiot M., *L'administration publique à Madagascar*, *op.cit.*, p.383-384.

26. GLF, carton 310, Madagascar, « Les loges maçonniques et la guerre 1939-1945 : "La France australe", pour l'Imerina, pour la Fraternité », n° 202, Tananarive, 14 décembre 1938. Le Grand Secrétaire de la Grande Loge de France (GLF) au ministre des Colonies Georges Mandel, Paris, 12 janvier 1939.

4

Missionnaires et Malgaches à l'épreuve de la guerre (1940-1945)

Des difficultés de trouver le juste comportement

« Diégo-Suarez 13 février 1942 : comprend la situation, prie pour la congrégation. Nous aussi sommes pour le Maréchal », câble le père Besnard ; le 6 mars « Tous sont alertés et vont écouter Radio-Vichy » (père Gay) ; le 7 août, Mgr Fortineau à la Maison-mère, à Paris : « Diégo-Suarez occupé. Envoyez communication. Argent, messes à Fenérive-Est. Tous bien. Informez familles », et le 5 septembre, il précise « Argent bloqué à Diégo. Nous bien. Vient parcourir partie vicariat non occupée ».

Les témoignages des missionnaires catholiques et protestants français sont nos sources essentielles souvent inédites. Ils éclairent sur l'état moral et les réactions de la population durant cette période troublée, tant sous l'administration de Vichy que sous celle de la France libre. Ils jettent de même un éclairage sur la situation faite aux missionnaires et permettent d'apprécier leur comportement. Le constat apparaît au final plutôt positif car ils ont su gérer la crise et les énormes difficultés pour augmenter le nombre d'églises et de fidèles. Ce que mettent en évidence les extraits suivants :

> « À Madagascar, les missionnaires protestants furent pendant les six années de guerre, des privilégiés... La mission protestante s'est développée dans ces sombres années. Elle n'a jamais manqué de secours » (extrait du rapport de la conférence des missionnaires tenue à Tananarive, du 14 au 24 avril 1945).

Même satisfaction du côté des catholiques qui remarquent que « pendant la guerre, toutes les œuvres du vicariat ont été maintenues et même développées » (mission de Diégo-Suarez, rapport du père Besnard, 19 novembre 1945).

Sous l'administration de Vichy (1940-1942)

Le 10 juillet 1940, les parlementaires accordent en métropole les pleins pouvoirs au vieux maréchal Pétain, vainqueur de Verdun. La défaite rapide de la France surprend Malgaches, colons et missionnaires qui ont cru en son invincibilité. Des fonctionnaires malgaches s'attendent à une occupation allemande de l'île et se mettent même à l'étude de la langue dans l'éventualité de l'arrivée du nouveau vainqueur. Mais vers la fin de juillet, quand Léon Cayla quitte Dakar et retrouve son poste de gouverneur général, il se rallie à Vichy. Il s'empresse alors de lui donner des gages de loyauté: arrestation de quelques partisans de la France libre dans la capitale et aux alentours, fermeture des consulats dans les ports de Tamatave et de Majunga pour répondre à l'extension à l'île du blocus naval britannique des colonies vichystes d'Afrique. Jusqu'en 1942, l'évolution générale du conflit semble donner la victoire à l'Allemagne; à partir de 1942, elle se dessine en sens contraire.

Mais pour le Malgache, la situation de la France déchirée entre deux camps hostiles est d'autant plus incompréhensible que la vive propagande à la fois vichyste en direction de l'Allemagne et gaulliste vers les Américains et les Anglais insiste jusqu'en 1942 sur l'importance primordiale des territoires coloniaux. De Gaulle appuie sa légitimité sur l'idée controversée que Vichy n'en bénéficie pas. Or, de l'armistice à 1941 l'immense majorité des Français approuvent le régime. En somme, la querelle de légitimité, qui déchire les deux pouvoirs sortis de la même défaite, a des répercussions immédiates sur la réalité quotidienne des colonisés. Précisons que la France vaincue a évité, en signant l'armistice du 22 juin 1940, la capitulation qui aurait entraîné sa soumission complète à l'Allemagne avec la perte de son Empire et de sa flotte de guerre.

Madagascar s'organise donc en économie fermée, les communications avec l'extérieur étant interrompues. La radio devient la principale source d'information sur l'orientation des journaux ou sur les rumeurs diffusées par les postes des puissances belligérantes. L'île ne reçoit ni correspondance ni matériels et ce qui reste de produits importés est d'un prix excessif. Les étoffes sont rares, remplacées de plus en plus par le tissage du raphia, les médicaments aussi se font rares et pour s'éclairer, la graisse de bœuf et de caïman supplée à la pénurie de pétrole[1]. Dans la province de Tuléar au sud-ouest, l'absence de transactions commerciales pousse beaucoup de gens à quitter leur commune alors que les magasins regorgent de produits agricoles (haricots, riz, maïs, pois) que le blocus naval rigoureux empêche d'exporter[2]. Quant aux réquisitions de riz, elles devraient en principe permettre une meilleure répartition et pallier l'interruption des importations en provenance d'Indochine. Mais elles donnent lieu à des injustices et à des abus qui privent le paysan du bénéfice de la vente de sa récolte. Enfin, viennent aggraver les effets débilitants et perturbateurs du conflit et du blocus naval une fiscalité alourdie et le recours au travail forcé. Des hommes valides sont envoyés à des centaines de kilomètres de leur foyer pour travailler à augmenter les productions dans les centres mieux desservis, tandis que de nombreuses familles basculent dans la misère. Or, à la veille de la guerre, note encore le père Le Cam, « pour 10 francs, le Malgache payait son kilo de sucre 2,50 francs, son kilo de sel 10 sous, son litre de pétrole 2 francs, son riz ne vaut pas plus de 6 sous le kilo. L'administration lui réclame 60 francs d'impôt par an et 10 jours de prestation pour les routes ». En janvier 1941, particulièrement préoccupante est la réalité quotidienne que décrit avec un petit clin d'œil à la Révolution française de 1789, le père Engelvin (mission de Tuléar) : « Si le blocus dure encore un an, il y aurait une augmentation des « sans-culottes » non seulement parmi les Malgaches mais aussi parmi les blancs. « Sans-culottes » dans le sens de sans travail et, par dérivation, crève-la-faim ».

En métropole pendant ce temps, Pierre Laval, chef du gouvernement, est révoqué en décembre 1940. Après un court intérim du ministre des Affaires étrangères Pierre-Étienne Flandin jusqu'en février 1941, l'amiral François Darlan, un anglophobe, forme un nouveau gouvernement et relance la collaboration avec l'Allemagne. C'est le second Vichy qui amorce le grand tournant. Par ailleurs, la disparition du régime républicain qui s'est naguère attaqué vigoureusement au clergé a affecté à peine les milieux catholiques et surtout leur hiérarchie restée très attachée au vainqueur de Verdun. Ce sentiment d'admiration et de fidélité affleure dans la lettre des cardinaux et archevêques de France en date du 25 juillet. Mais s'ils recommandent toujours le loyalisme envers le vieux maréchal de 84

1. ACSSp.2MI, 11a[4], Majunga, « Écrits de missionnaires, période de 1940-1948 ». *Rapport du père Le Cam*, mission de Marovoay, 28 mai 1948.

2. Engelvin A. Lazariste, mission de Tuléar, rapport du 28 janvier 1941, dans *La Belle Vie*, p. 204-205.

ans, ils déconseillent aussi toute inféodation au second Vichy. En mai 1941, dans les territoires d'outre-mer sous contrôle de Vichy, la fête nationale en l'honneur de Jeanne d'Arc créée par la droite en 1920, est alors l'occasion d'une grande manifestation de foi et de patriotisme. La messe célébrée à Tuléar par exemple réunit, outre les fidèles, une importante communauté française ainsi que les autorités civiles et militaires. Le mois suivant, le nouveau gouverneur général Paul Annet en visite dans la ville reçoit officiellement la prestation de serment de la Légion, une création du Maréchal. À ses débuts, le régime de Vichy a donc bénéficié du soutien de la hiérarchie catholique en réaction à la politique de la IIIe République.

Et les protestants dont quelques élus ont voté en métropole les pleins pouvoirs au maréchal Pétain ? Ils n'ont pas échappé non plus au maréchalisme ni au pétainisme, du moins pour quelques-uns, et ils évoluent parfois dans l'entourage du pouvoir comme le vice-amiral Charles Platon, secrétaire d'État aux Colonies. Bref, le protestantisme qui jouit de la considération et d'une bonne appréciation du Maréchal, semble avoir gagné en importance[3], pendant que dans l'île, l'allégeance au régime est totale. Au nom du pastorat malgache de Tananarive et devant le gouverneur général Annet, Louis Ramarohetra, pasteur de l'église d'Ambohipotsy, se doit à son tour de prononcer le 6 juin 1941 un vibrant panégyrique (annexe 1). Il explique longuement leur sentiment de fidélité et de loyalisme à l'égard de « ce noble et vénéré patriarche le maréchal Pétain dont le programme comporte une large part des valeurs spirituelles. Nous sommes fiers d'y trouver la réalisation de nos vœux ». Le gouverneur général n'est pas oublié et recueille lui aussi dans ce concert de louanges quelques retombées positives en termes spécialement flatteurs : « Vos administrés malgaches en général et la population protestante en particulier sont indissolublement acquis à la cause de la Révolution nationale ».

Enfin, entre la France catholique et les Anglo-saxons protestants, d'évidentes divergences surgissent sur la question coloniale. Elles transparaissent à Madagascar dans les relations certes courtoises mais méfiantes des autorités vichystes et même gaullistes avec les milieux protestants. Ceux-ci font donc l'objet d'une surveillance discrète des agents de la Sûreté générale qu'ils ont réussi d'ailleurs à déjouer en créant, au début de l'année, une société secrète dite Pa Na Ma (Parti national-socialiste de Madagascar) composée de protestants indépendantistes précisément proches des Anglo-saxons.

---

3. Pour en savoir plus, voir Cabanel Patrick, *Histoire des protestants en France, XVIe-XXIe siècle*, chapitres XII et XIII, p. 1008-1137, Fayard, Paris, 2012.

Cependant, le gouvernement de Vichy a vite mesuré l'incapacité de l'île à se défendre et à empêcher le débarquement éventuel d'une armée ennemie bien équipée. En l'occurrence, ce sont plutôt les forces de l'empire britannique qui s'emparent de la base navale de Diégo-Suarez entre les 5 et 7 mai 1942, par surprise et sans en avoir averti leur allié, le général de Gaulle. Le père Besnard témoigne :

> « Au matin du 8 mai, Diégo-Suarez est réveillé par le ronflement de nombreux avions et par des explosions. Les Anglais venaient de débarquer dans l'ouest de la ville, à une quinzaine de kilomètres au lieu-dit "Baie du courrier". La résistance s'organise; il y eut bataille, des morts et blessés. Le 3e jour, la bataille est finie et les Anglais maîtres de la ville ».

La ville dont le développement est étroitement lié aux activités de la base navale n'a toutefois pas été touchée. C'est un répit fragile et provisoire, selon des rumeurs qui annoncent la venue des Britanniques à Diégo pour chasser les Japonais et les empêcher de s'en emparer. Mais, « Des Japonais ? Personne n'en avait vus », conclut le missionnaire, dubitatif. Évidemment, il n'a croisé aucun Japonais et il n'en croisera pas. Le port de Diégo dispose de la meilleure rade-abri de l'île et n'a pratiquement pas d'arrière-pays. Il présente donc un intérêt militaro-stratégique et peut jouer un rôle d'escale pour assurer le ravitaillement des troupes engagées en Extrême-orient et en Égypte ou protéger leur flotte des attaques des sous-marins ennemis. D'autre part, après la capitulation française en Indochine, suivie de celle de l'importante base de Singapour en février 1942 rendant particulièrement vulnérable l'empire britannique au sud-est asiatique, la présence d'un gouvernement vichyste à Madagascar ne rassure guère les Britanniques. Ils craignent que l'île ne soit utilisée par des sous-marins japonais, alliés des Allemands. Ce sont autant de considérations géopolitiques et d'impératifs stratégiques qui ont conduit à l'occupation anglaise de la base navale de Diégo-Suarez et à la prise des ports de Majunga, Tamatave et Tuléar. La France libre n'a pas participé à l'opération.

Localement, l'administration vichyste garde pourtant une relative autonomie sous l'autorité anglaise, les deux pavillons, français et anglais, flottent côte à côte et les détachements ont progressé sans obstacle majeur jusqu'à Ambilobe, Vohémar et Antalaha. Tandis que des tractations se poursuivent sans succès avec le gouverneur Annet pour obtenir le ralliement du reste de l'île, les relations qualifiées correctes, voire bienveillantes avec la mission qui a accueilli l'un de leurs aumôniers, masquent en réalité de récurrentes rivalités interconfessionnelles.

Jusqu'en septembre, la préparation de cette progression vers le sud occupe les Britanniques qui tiennent toujours de Gaulle dans l'ignorance du plan d'opération :

> « Le 29 septembre, occupation de Tuléar par un bataillon qui débarque sans difficulté car la garnison locale, une compagnie malgache, est déjà partie vers l'intérieur du pays »[4].

Deux mois plus tard, malgré une forte résistance des troupes de Vichy[5], ils s'emparent du reste de l'île avec le renfort des forces sud-africaines. Peu après le départ de la capitale du gouverneur Annet, le capitaine Fauché signe l'armistice, laissant les Anglais assurer désormais le calme pendant que beaucoup s'interrogent sur la pérennité de leur présence[6]. Ainsi à Tuléar, les missionnaires protestants d'abord satisfaits de l'évolution politique et religieuse ont rapidement déchanté. Confrontés aux distinctions confessionnelles entre les Anglais nouvellement débarqués, ils s'aperçoivent en effet que ceux-ci comptent également des catholiques surtout de rite anglican et qu'ils se désintéressent du rite luthérien en vigueur.

Entre mars et décembre 1942, face au gouvernement de Vichy encore assuré de la fidélité de l'Empire, les Britanniques entretiennent habilement la confusion dans leurs relations avec la France libre par une active propagande vichyste qui autorise le doute sur leur maintien à Madagascar pour compenser la perte territoriale subie en Extrême-Orient. Du côté de la France libre, de Gaulle s'empresse de nommer Paul Legentilhomme à la tête de l'administration de l'île. Rappelons que le 8 novembre, soit deux jours après la conclusion de l'armistice, est déclenchée l'opération Torch, le débarquement anglo-américain en Afrique du Nord, encore à son insu. Legentilhomme débarque à Tamatave au début de janvier 1943 en provenance d'Égypte, avec le titre de haut-commissaire des Possessions françaises de l'Océan indien. Mais, comme le transfert rapide des pouvoirs voulu par les Britanniques passe d'abord par le

---

4. Engelvin A., lazariste, *Mission de Tuléar*, *op.cit.*, rapport du 10 octobre 1942.

5. Malye François, Hadley Kathryn, dans « Le secret des archives britanniques », *L'Histoire de France vue par les Anglais, 1940-1981*. Calman-Lévy, 2012.

6. ACSSp.2MI, 11a[4], Majunga, Écrits de missionnaires. Période 1940-1948. Mission de Marovoay, *Rapport du père Le Cam*, 28 mai 1948.

rétablissement d'un climat général détendu, il s'emploie à éviter tout acte de représailles contre les anciens collaborateurs du gouvernement Annet. Enfin, pour les Britanniques, les Soviétiques et les Américains, bref, pour les Nations Unies (le terme date de 1942), seule compte désormais la France libre. Car, après sa mainmise sur l'Afrique du Nord puis sur la Résistance intérieure, de Gaulle s'est installé de fait dans une position incontournable, en 1943.

Face aux exigences accrues de la France libre (1943-1945)

En 1941, lorsque la France libre aborde la question d'« indépendance » pour la première fois, elle ne s'adresse ni à l'Afrique noire ni à Madagascar mais aux États du Levant – Liban et Syrie – sous mandat français. Pourtant, dès cette période et bien que soit entreprise parallèlement une relégitimation de la tutelle sur les territoires coloniaux africains et malgache, la question de leur indépendance interpelle de Gaulle et donc la France libre devenue la France combattante en 1942.

En attendant, son arrivée au pouvoir entraîne des exigences plus lourdes. Les stocks de café, tabac, maïs, graphite non exportés faute de bateaux sont enlevés et en échange, l'île reçoit des étoffes et diverses denrées. Quoique compréhensibles en temps de guerre, les prix pratiqués sont excessifs, voire déloyaux puisque des stocks fournis sont achetés au prix de 1939 alignés sur celui de 1942 ! Durant ses quatre mois de présence (janvier-mai 1943), Legentilhomme a cherché à augmenter surtout la production de matières premières stratégiques : graphite, minerais et peaux d'animaux. Son successeur Pierre de Saint-Mart, nommé en mai au poste d'ancienne appellation de gouverneur général, poursuit le même objectif. Le recrutement forcé d'hommes valides et même de femmes ainsi que les réquisitions de denrées alimentaires participent à l'aggravation de l'oppression coloniale. La réflexion étayée de Mgr Messmer sur le système confirme ce triste constat :

> « On faisait venir les gens de la brousse de 20 à 50 km pour être présentés à la convocation. Ils attendaient plusieurs heures et, quelques fois le fonctionnaire n'étant pas là, on les renvoyait et ils étaient de nouveau convoqués plus tard. S'ils ne venaient pas, ils avaient de la prison ».

La principale conséquence politique qu'il anticipe à juste titre se précise dès 1946 sous la forme d'« un mouvement autonomiste important comme on a pu s'en rendre compte aux élections »[7]. Il semble donc que les familles et les paysans en particulier ont souffert davantage sous l'administration gaulliste que sous le gouvernement vichyste d'Annet entravé par la paralysie des transactions commerciales. Enfin, on ne peut nier l'importance des réquisitions de riz qui ont attisé également les mécontentements jusqu'en 1945 quand on a découvert que les abus les plus scandaleux commis par des agents subalternes ne sont pas durement réprimés.

Les missionnaires qui vivent au contact des populations s'attendent naturellement à être les premières victimes de leur exaspération ou au minimum éclaboussés par le discrédit qui affecte l'administration gaulliste. Il semble au contraire qu'ils n'ont perdu ni prestige ni influence, à la lumière des observations des uns et des autres qui souvent se recoupent. Pour les pasteurs, le manque de médicaments figure en tête des graves conséquences du conflit, largement devant les réquisitions de riz, la mobilisation d'agents ou les corvées diverses[8]. Le pasteur Foltz signale notamment l'état sanitaire déplorable du district d'Ambatolampy (sur les plateaux), lié à la fuite dans le nord-est du district et à l'émigration des villages vers le sud. Dans le district de Majunga, les difficultés ont même rapproché missionnaires, agents administratifs et fidèles, rendant leurs relations plus étroites. En outre, catholiques et protestants ont veillé à ravitailler régulièrement leurs léproseries. C'est le cas de l'importante léproserie protestante de Manancavaly qui, avec quelque 550 personnes, malades et personnel compris, n'a manqué ni de médicaments, ni de nourriture ni de vêtements. Du côté des catholiques, Mgr Wolff, évêque de Majunga, célèbre en août 1943 l'ordination de son premier prêtre malgache, le premier également du vicariat, tandis qu'avancent les travaux de construction de la cathédrale commencée l'année précédente.

Au total, cinq années de conflit ont laissé la métropole meurtrie, ruinée et ont déstabilisé sa présence dans l'île comme dans ses autres colonies. Face aux États-Unis et à l'URSS farouchement hostiles au maintien du colonialisme et face à la Charte des Nations Unies qui prône « l'égalité de droits des peuples et... leur droit à disposer d'eux-mêmes », la France suggère une réponse... dilatoire.

7. BFC. Madagascar. Mgr Messmer, préfet apostolique d'Ambanja, dans *Missionnaires capucins*, revue trimestrielle, n° 120, août-décembre 1946.

8. JME. Madagascar, « Bilan d'activité des Missions protestantes, 1943-1944 », *Rapport du pasteur Krugger sur l'année 1943*.

DEUXIÈME PARTIE

CHANGEMENT D'OPTIQUE ET DE GRILLE DE LECTURE : LES MISSIONNAIRES DANS L'ARÈNE POLITIQUE (1945-1960)

Route de Morondava: Baobabs. Source: Madagascar. Archives nationales, Section Outre-mer.

5

Un contexte sociologique et géopolitique inédit, porteur de changement

Des missionnaires interrogatifs sur la pertinence de l'ouverture politique

Les limites des concessions octroyées par la métropole

L'effort de guerre et le retour à des mesures de coercition ont profondément et définitivement transformé Madagascar ainsi que les territoires coloniaux d'Afrique occidentale et d'Afrique équatoriale (AOF et AEF). Au lendemain de la Première Guerre mondiale, le gouvernement français a certes accordé quelques concessions, mais les deux décennies suivantes sont celles d'un retour en arrière. La Société des Nations (SDN) en confirmant la légitimité de l'empire laisse toute liberté à la métropole pour désamorcer la contestation et les critiques contre sa politique coloniale. La Seconde Guerre mondiale amorce au contraire un tournant majeur, la France ayant perdu son statut de grande puissance de l'entre-deux-guerres. Outre les aspirations montantes qu'elle a éveillées ou confortées, la guerre a en effet développé dans les milieux intellectuels notamment le sentiment de responsabilité dans les décisions engageant le destin de l'île. Or, si les dirigeants français en ont pleinement conscience, ils excluent encore toute stratégie politique de repli sous forme d'association par exemple, alors que les alliés travaillent au démantèlement de cet empire déjà affaibli et à l'émancipation de ses territoires[1]. Pour déjouer les manœuvres des uns et contenir les

1. La Charte de l'Atlantique d'août 1941 est complétée et précisée en mars 1942 par une déclaration en 13 points signée de Churchill et de Roosevelt à Delaware (États-Unis) proclamant « le droit de chaque peuple à choisir une forme de gouvernement » (self government).

impatiences des autres, une conférence des responsables des colonies est annoncée en octobre 1943 en vue d'adopter un programme de renouveau de la politique coloniale. En décembre, une Commission mixte franco-malgache est désignée, associant chrétiens et non-chrétiens pour exprimer les principales aspirations de la population. L'année suivante, les conclusions de la conférence de Brazzaville (30 janvier-14 février), capitale de la France libre, et la rédaction des deux projets constitutionnels de 1946 tracent la nouvelle vision de leur avenir. Évidemment, le catalogue des réformes à mettre en œuvre est lacunaire et, surtout, il exclut du débat la question d'indépendance. Au plus, les participants – principaux responsables d'AOF, d'AEF et de Madagascar – sont favorables à la promotion d'une élite d'Africains et de Malgaches occidentalisés. D'ailleurs, aucun des représentants des populations concernées n'est convié à la réunion puisque les changements attendus s'inscrivent dans une entière dépendance à la métropole. La conférence promet donc des franchises politiques (représentation des peuples d'outre-mer au Parlement, création d'assemblées locales), des réformes culturelles, économiques et sociales. Telles sont les prémices d'une certaine évolution qui doit, selon de Gaulle, conduire chaque peuple à « s'administrer et, plus tard, à se gouverner lui-même ». L'instauration de l'Union française créée par la Constitution de la IVe République en 1946 pour remplacer l'Empire confirme cette tendance. Enfin, la nouvelle Constitution installe deux catégories de citoyens : la catégorie de citoyens de l'Hexagone et celle de ressortissants des territoires d'outre-mer (ex-colonies). Le droit de vote est donc limité et le double collège imposé : « Si nous donnons l'égalité aux peuples coloniaux, nous serions la colonie de nos colonies », déclare alors le député radical Édouard Herriot (intervention à la tribune de l'Assemblée le 27 août 1946). Mais le vent a tourné. L'indépendance de l'île est pour de nombreux Malgaches la priorité, et cette revendication supplante celle d'avant-guerre désormais dépassée, à savoir l'égalité des droits avec les citoyens français. La métropole doit non seulement gérer les nouveaux rapports de forces internationaux dès 1947, mais appréhender désormais l'émancipation de ses territoires coloniaux que d'aucuns considèrent comme le dernier vestige de sa puissance passée.

Une Union française, seul vestige de la grandeur passée, mais très modérément appréciée.

Ces concessions limitées, sans abandon de souveraineté, n'en suscitent pas moins des appréciations très mesurées. C'est ainsi que dès 1945 dans le nord, contrairement aux milieux protestants bien engagés aux côtés des nationalistes, l'évêque de Diégo-Suarez s'inquiète du nouvel état d'esprit de la population qualifié de lamentable[2]. L'année suivante, il ne décèle que de regrettables et tristes séquelles de la guerre dans deux des principales réformes : l'établissement de la députation et la suppression de la réquisition des travailleurs. Dans un cas, la réforme fait rêver les Malgaches à l'indépendance qu'il n'imagine pas, même à long terme. Dans l'autre, la mesure a l'inconvénient majeur de les inciter à se mettre fréquemment en grève. Mais il précise aussi, sans en souligner l'aspect démotivant pour les salariés, que les avantages de la hausse des rémunérations sont en réalité neutralisés par les effets de la hausse récurrente du coût de la vie depuis la guerre.

Par ailleurs, la suppression du régime humiliant de l'indigénat en décembre 1945 – janvier 1946 et celle du travail forcé en avril n'ont entraîné ni changement profond de comportement des colons et de l'administration ni disparition complète des actes arbitraires. La mesure n'en est pas moins jugée radicale et, dans la province de Majunga, un administrateur s'est plaint au vicariat de se trouver dans l'impossibilité de gouverner et d'avoir les bras coupés ! Il dénonce pêle-mêle les chantiers publics désertés, les plantations abandonnées ou le port de Tamatave sans ses dockers comme conséquences de l'usage des nouveaux droits accordés aux travailleurs. C'est donc une vague d'incompréhension et une profonde méfiance largement partagées qu'a suscitées la suppression du travail forcé. Une impression que vient corroborer une autre observation défavorable, celle du père Le Cam (mission de Marovoay du vicariat de Majunga) :

> « Du jour au lendemain, tout fut abandonné car le Malgache interprète la liberté octroyée comme la liberté de ne rien faire ».

En 1948, c'est au père Besnard, supérieur principal de la mission d'Ambilobe (vicariat de Diégo-Suarez), de s'étonner qu'un Européen puisse s'offrir une main-d'œuvre plus facilement et à bon

2. ACSSp.2MI, 4a[6], Diégo-Suarez. Mgr Fortineau à la Propagande et à Paris, 16 octobre 1945 et 15 octobre 1946.

compte qu'un Malgache. Même le gouvernement général connaît une situation inhabituelle, ne pouvant plus s'appuyer sur les missionnaires pour jouer de leur influence.

Quant aux élections qui sont le grand événement nouveau, elles s'accompagnent d'une effervescence populaire bien compréhensible et parfois de défiance vis-à-vis des Européens. Ce que semble désapprouver l'évêque de Diégo-Suarez qui, à l'instar d'autres missionnaires, juge la réforme prématurée et en appréhende les conséquences politiques et surtout religieuses. En décembre 1946, la fièvre politique est pratiquement tombée dans les districts du nord qui se débattent toutefois dans un marasme économique persistant. Le commentaire incisif du père Le Cam apporte encore un éclairage instructif sur l'état d'esprit général :

> « Sans doute après la victoire, aurait-on pu reprendre en main l'île. Mais on commence par décréter le droit de vote. Une bonne idée qui certes récompensait les Malgaches de leur loyalisme pendant la guerre. Mais il eût fallu des tempéraments car pour voter, il faut une éducation et, si une minorité était prête, la grande masse des électeurs ne savait pas ce qu'elle faisait. Dès lors, elle était une proie indiquée pour une propagande habile »[3].

Il cite en exemple le Mouvement démocratique de la Rénovation malgache – MDRM – dont les journaux se font les champions de l'indépendance au nom de la Charte de l'Atlantique. Une posture qui semble en retrait par rapport aux prises de position de la hiérarchie en 1934 et 1937 en faveur d'un nationalisme modéré. Dans la ligne de Brazzaville, les réformes de 1946 permettent en effet aux Malgaches de participer, de façon certes limitée, à la gestion de leurs affaires à travers des structures anciennes repensées comme les collectivités de base dites fokonolona ou à travers des institutions nouvelles telles que les Assemblées provinciales et l'Assemblée représentative au niveau du territoire. Enfin, pour la première fois, les élections générales de l'après-guerre sont ouvertes aux autochtones des deux sexes invités à élire deux puis trois députés pour les représenter aux Assemblées nationales constituantes de 1945 et 1946 à Paris. Organisées selon le principe discriminatoire du double collège, elles révèlent encore la force du préjugé racial : un collège réservé aux citoyens de statut civil français parmi lesquels on compte un peu plus de 2000 Malgaches, et

3. ACSSp.2 M1, 11a[4], Majunga. *Écrits de missionnaires*, période de 1940 à 1948. Mission de Marovoay, *Rapport du père Le Cam*, 28 mai 1948.

celui des citoyens de statut personnel ou autochtones « sujets français ». Des deux collèges électoraux, le collège des autochtones est largement sous-représenté, celui des citoyens français sur-représenté, ce qui ajourne d'une dizaine d'années l'application du principe d'égalité et aggrave, en attendant, le malaise entre les communautés. Deux partis émergent du collège des autochtones: le Parti démocratique malgache – PDM – et le Parti de la Restauration de l'indépendance malgache – PRIM – rebaptisé en février 1946 le Mouvement démocratique de Rénovation malgache – MDRM – (1946-1947). Le PDM et le MDRM nationalistes veulent l'indépendance de l'île mais par des stratégies différentes: pour le premier, une indépendance progressive et sans rupture de liens avec la métropole, et pour le second, une indépendance immédiate et totale. Le MDRM remporte les élections locales, ce qui inquiète les milieux coloniaux. Il est représenté au Palais-Bourbon par trois députés: Robin Ravoahangy, Josef Raseta, tous deux médecins et protestants, et Jacques Rabemananjara, un des grands poètes de la négritude. Il réitère la revendication du retour de Madagascar à l'indépendance intégrale et se heurte à la métropole qui choisit de s'y opposer systématiquement. C'est donc en vain que le MDRM demande, outre l'abrogation de la loi d'annexion de 1896, le statut d'État libre au sein de l'Union française. Dès lors, le plaidoyer argumenté du député Raseta, président du MDRM, devant ses collègues de l'Assemblée nationale n'a aucune chance de convaincre:

> « Indépendance malgache: cela veut dire respect et sauvegarde de tous les intérêts moraux et matériels de la France et des Français sur toute l'étendue du territoire malgache.
>
> Indépendance malgache: cela signifie enfin effort constructif pour la prospérité des hommes et des biens domiciliés à Madagascar.
>
> « L'indépendance dans le cadre de l'Union Française, c'est pour la France et Madagascar et tous les membres de cette communauté la paix et la possibilité d'une vie meilleure, exempte de peur et de contrainte »[4].

L'île demeure territoire d'outre-mer administré jusqu'en 1958. En revanche, pour tenir compte de son particularisme, elle est dotée d'un Conseil de gouvernement présidé par le gouverneur général,

---

4. Extrait du discours du député Raseta à l'Assemblée nationale, séance du 6 mai 1947, cité par Raymond William Rabemananjara, dans *Madagascar. L'affaire de mars 1947*, L'Harmattan, Paris, 2000.

en l'occurrence Marcel de Coppet, socialiste et protestant qui retrouve son poste en qualité de haut-commissaire. Arrivé en mai 1946, il entame son dernier séjour au milieu de violentes manifestations nationalistes en attendant que sa gouvernance maladroite achève de le discréditer. Quand il encourage, par exemple, l'entrée en scène d'un nouveau parti rival du MDRM, le Parti des déshérités de Madagascar – PADESM – hostile à l'option d'indépendance immédiate, il ranime le vieil antagonisme Côtiers-Merina. Conduit par des élites des populations côtières et soutenu principalement par le journal Ny Voromahery (l'Aigle), le PADESM se propose de réduire l'hégémonie merina pour aboutir à l'égalité entre tous les Malgaches[5]. Sa création a donc soulevé quelques interrogations et commentaires suspicieux[6]. Mais le MDRM ne semble pas s'en inquiéter outre mesure puisqu'en août ses dirigeants se risquent à proposer à Paris, qui de nouveau refuse, que les Malgaches se déterminent sur leur statut par voie de référendum. Le MDRM reste le parti indésirable. L'influence sans doute exagérée prêtée aux anciens membres ultra-nationalistes du Parti nationaliste malgache – Pa Na Ma – et du Jina organisés en associations secrètes accrédite des rumeurs insidieuses sur le MDRM et accroît la méfiance des missionnaires. La situation devient ingérable puis dégénère : en mars 1947, quelques mois après l'avènement de l'Union française, Madagascar se révolte. Pour la majorité des missionnaires, les causes sont multiples, liées à l'histoire de l'île, politiques ou encore économiques et sociales, tout cet ensemble en réalité.

Entre-temps à Paris, lors du Conseil des ministres du 4 mars saisi du dossier, Pierre-Henri Teitgen, ministre d'État dans le gouvernement Ramadier, a évoqué la gravité des informations arrivant de l'île et demande à Marius Moutet de définir les mesures qu'il compte adopter pour assurer le respect de la loi[7]. Quelques semaines plus tard, le soulèvement pour l'indépendance éclate dans la nuit du 29 au 30 mars, à la surprise de la plupart des résidents européens. Mis à part Diégo-Suarez où il a tourné court après la saisie de quel-

---

5. Outre le Ny Voromahéry, citons également trois autres journaux de soutien : *Ny Zanaboromahery* (l'Aiglon), *Ny Fifohazan'ny Tantsiraka* (le Réveil des Côtiers) et *Ny Firaisana* (l'Union), dans Rajaonarison Alain-Aimée, *Les Associations sous la colonisation à Madagascar (1890-1990)*, *op.cit.*, p.309.

6. Cadoux Ch., *La république malgache. Les Forces politiques*, *op.cit.*, p.51-53. Spacensky A., « L'évolution politique malgache, 1945-1966 », dans *Revue française de Sciences politiques*, n° 2, août 1967.

7. Norat P. et Ozouf J., *Vincent Auriol, Journal du septennat, 1947-1954*, tome IV, année 1950 avec parution d'un DVD de sept volumes sur l'ensemble de la période, Tallandier, Paris, 2003.

ques armes, le mouvement gagne rapidement les hauts-plateaux et la côte Est, régions de fortes implantations protestantes et des premières destructions d'églises. Mananjary, Manakara, Vohipeno et Moramanga sont parmi les districts particulièrement ravagés. Globalement, la zone en proie à l'agitation sociale couvre un cinquième de la superficie et de la population de l'île. Le 2 avril, de Coppet proclame l'état de siège sur une dizaine de districts, de peur que l'insécurité ne vulnérabilise la communication entre l'océan indien et la capitale Tananarive. Le soulèvement a échoué dans la partie occidentale de l'île et réussi sur la côte orientale, grande région productrice de café dont l'exploitation a soumis les populations à des réquisitions et abus divers sans contrepartie significative. Des éléments d'explication sans doute exacerbés par les anciens clivages historiques.

Au Conseil des ministres du 9 avril consacré entre autres sujets, aux incidents de Madagascar, le socialiste Vincent Auriol, premier président de la IVe République, découvre qu'ils sont bien plus graves que le gouvernement Ramadier l'avait d'abord cru. Mais il relève aussi avec soulagement que « tous les partis français, de la France combattante aux communistes et au Parti des déshérités, ont affirmé leur fidélité à la France ». Le mouvement n'a rencontré, il est vrai, que peu de sympathie dans les autres régions où des actions de grève de solidarité auraient pu paralyser la vie de l'île.

En définitive, jusqu'au début des années 1950, le religieux et le politique n'ont guère envisagé sérieusement la fin prochaine de la tutelle coloniale. Dans leurs rapports, les missionnaires n'ont d'ailleurs évoqué la question que pour souligner l'incapacité des fidèles à prendre le relais avant de longues années, sous prétexte de se donner le temps nécessaire à la formation d'un nombre conséquent d'élites chrétiennes.

Ils ont d'abord accepté et participé à la colonisation qu'ils ont commencé ensuite à remettre timidement en cause dans les années 1930. Toutefois dans ce contexte français, colonial et catholique, se démarquent leurs compatriotes protestants, toujours peu fiables aux yeux du gouvernement général. En outre, s'ils sont plus nuancés dans leur appréciation générale, voire plus interrogatifs, ils estiment néanmoins prématurée la requête des nationalistes pour la restauration immédiate de l'indépendance politique et son corollaire, celle des églises. Enfin, leur analyse de la révolte des nationalistes peut surprendre car fondée sur la seule reviviscence des cultes autochtones, majorant même le risque de sa délégitimité politique. Compter pour les éradiquer sur les Malgaches convertis ou susceptibles de l'être n'est pas d'une efficacité indéniable. Il n'empêche. Dans l'esprit du pasteur Peyrot, il ne subsiste aucun doute :

> « Il ne faut pas surtout s'imaginer un désastre irrémédiable. Le rôle primordial joué dans les événements par le paganisme (car la grande masse des rebelles est constitué par des tribus que l'on a fanatisées par des pratiques païennes) suffit à montrer que notre tâche est loin d'être achevée »[8].

Leurs perceptions des événements de 1947

« On peut se demander ce qui serait advenu du pays sans la présence des Pères et de leurs chrétiens », remarque le père Besnard de la mission de Diégo-Suarez[9], tandis qu'à Paris, le ministre d'État Pierre-Henri Teitgen demande la dissolution des mouvements « fascistes » (Conseil des ministres du 9 avril). À cette date, le haut-commissaire de Coppet et les autorités françaises de l'île ont déjà déclenché et intensifié la répression contre le MDRM. Le discrédit et l'interdiction qui frappent alors ce parti profitent principalement au PADESM.

Les circonstances politiques et économiques qui ont déchaîné les violences à un moment particulièrement opportun ont déjà suscité des interprétations contradictoires autour de la thèse de la provocation du pouvoir, et le déroulement de la révolte a fait l'objet de nombreuses publications. On pense notamment à l'ouvrage de référence de Jacques Tronchon[10]. Nous n'y reviendrons pas. Par ailleurs, dans la source française, la recherche en archives missionnaires livre une lecture des événements finalement proche de celle des tenants laïques d'un rétablissement rapide de l'autorité coloniale. L'appréciation du monde missionnaire, témoin privilégié, est ainsi

8. Peyrot H., pasteur, Madagascar. *Extraits de lettres à la famille sur l'insurrection de 1947*, Tananarive, rapport du 27 juin 1947, dans JME, 1947.

9. ACSSp.2M1, 4b², Diégo-Suarez, *Rapport du père Besnard*, supérieur principal, mai-août 1948, et Mission d'Ambilobe, 28 décembre 1948.

10. Tronchon J., *L'insurrection malgache de 1947. Essai d'interprétation historique*, Fianarantsoa, Karthala, Paris 1986. Voir aussi, Rabemananjara R-W., *Madagascar : l'affaire de mars 1947*. Tiersonnier J. s.j., *Madagascar. Les missionnaires acteurs du développement* et *Madagascar, 1947-2002. Des sagaies aux ombrelles*. « L'insurrection malgache, 1947 », dans *Bulletin des Missions*, abbaye Saint-André-lez-Bruges, 3e et 4e trimestres 1950.

attendue, apportant parfois un éclairage nouveau par des précisions et des détails complémentaires. Certains missionnaires informent à la fois leur famille restée en métropole et leur évêque dans l'île. C'est le cas du père Ambroise Engelvin, lazariste de la mission de Tuléar (côte sud-ouest) en correspondance suivie avec son cousin en France durant les quarante-deux ans de son apostolat au milieu des Malgaches (1911-1953). La démarche des protestants n'en est pas très éloignée: informations confidentielles sur les événements aux familles et à la Mission évangélique de Paris précédant même les communications officielles[11].

Cependant les interprétations des uns et des autres, et surtout des catholiques, montrent qu'ils veulent minimiser voire contester toute participation volontaire de leurs fidèles, alors que pour les malgaches chrétiens comme non chrétiens, l'impérialisme colonial, les divers abus commis pendant la guerre et les tensions franco-françaises expliquent, entre autres motifs légitimes, la vague de violence.

C'est en évoquant ces années avec le père Le Cam qu'un instituteur prénommé Laurent lui confie la détresse politique de ses concitoyens en termes bien choisis: « On nous dit d'obéir à Pétain. Nous l'avons fait. Maintenant on juge Pétain comme traitre, et on met Maurice Thorez accusé de désertion comme vice-président de Conseil ». Et d'interroger le missionnaire qui reste sans voix: « À qui faut-il obéir[12] ? »

Le déclenchement du soulèvement vécu par les sœurs lazaristes

Dès le 20 mars, les sœurs lazaristes de la mission de Vohipeno, sur la côte Est au sud de Manakara, sont « officieusement » informées par le chef de district Dumont qu'une révolution générale est prévue pour le 29. Il doit sécuriser le canton de Vohipeno attenant à un groupe de quelques hameaux forestiers. Nous reproduisons en annexe (document 2) les rapports des sœurs, rédigés au jour le jour, du jeudi 20 mars au lundi 14 avril, sous le titre: « Madagascar: Dans la tempête 1947 ». La lecture en est différente par la précision des détails non dénuée d'une certaine sensibilité bien compréhen-

11. Zorn, J.-F., « L'insurrection malgache de 1947. Implications et interprétations protestantes », dans *Histoire et Missions chrétiennes* (HCM), n° 14, juin 2010, p. 13-14.

12. ACSSp. 2 M1, 11a[4], Majunga, « Écrits de missionnaires. Mission de Marovoay, 1945-1948 », *Rapport du père Le Cam*, 28 mai 1948.

sible. Mais leur regard également peu complaisant sur l'insurrection ne leur permet pas d'y déceler une ultime tentative désespérée des nationalistes de libérer l'île du joug colonial[13]. L'administration ne peut que gagner ce face à face meurtrier et reprendre le contrôle de la situation dans un climat de méfiance politique qui fait basculer finalement l'ensemble des Malgaches dans le nationalisme. Se taire devient la règle de la grande majorité ; les opinions courantes s'expriment surtout dans les associations quand elles ne sont pas confiées aux missionnaires :

> « Nous n'avons plus confiance dans le gouvernement français pour obtenir l'autonomie de notre pays. Il y a déjà eu trop de discours et de promesses non tenues »[14].

Or, le 28 mars, veille de l'insurrection, le gouvernement général a adressé à ses services un télégramme rassurant qui contredit l'information de la semaine précédente, qualifiée de rumeurs sans fondement[15]. Mais l'attaque du camp militaire de Moramanga relevant du vicariat apostolique de Tananarive, dont le sépare une douzaine de kilomètres, a corroboré au soir du 29 mars l'information officieuse du 20. Le district de Moramanga, devenu en 1944 le siège d'un vaste camp militaire d'environ 10000 hommes, souffre alors d'une situation matérielle très difficile : le riz est rare et une grande disette frappe certaines localités de la brousse. En mai, la révolte embrase toute la côte Est, depuis Vatomandry jusqu'à Farafangana, signale la sœur lazariste Chilouet (document 3 intitulé « Dans la tempête à Farafangana, mai 1947 »). Les insurgés gardent donc l'initiative et maintiennent la pression par le recours aux tactiques de guérilla et aux raids. L'exemple de Vohipeno que relatent ses consœurs donne une juste idée de la violence de l'attaque en brousse dans la nuit du 30 au 31 mars. Les Européens réfugiés dans la résidence du chef de district, selon une source jésuite, sont face à quelque 700 hommes armés de sagaies et de haches[16]. Dans le

---

13. ACM (lazaristes), Madagascar Sud, Mission des Filles de la Charité de Saint Vincent de Paul. « Dans la tempête de 1947 », Journal des Sœurs de Vohipeno, dans *Bulletin des Missions des Lazaristes*, 1947, p. 108-117.

14. AJF (Jésuites français), FMa[71] *Histoire politique*. Madagascar Central, « Le silence de Madagascar, L'après 1948 ».

15. ACSSp.2M1, 11a[4], Majunga. *Écrits de missionnaires*. Mission de Marovoay, 1945-1948, *Rapport Le Cam*, 28 mai 1948.

16. AJF, FMa[71], Madagascar Central, « Histoire politique. Le soulèvement des sagaies à Madagascar-Tananarive », *rapport du 7 avril 1947*.

sud-est, les vicariats de Tamatave, Fianarantsoa – ce dernier ayant déploré un jésuite, le père Patrick Garvey, seul missionnaire parmi les victimes – et Fort-Dauphin ont souffert d'engagements particulièrement meurtriers. En juillet – août, les troubles continuent dans des régions comme la province de Fénérive dont la mission est pratiquement détruite : sur les 105 églises ou chapelles, une douzaine seulement a échappé au feu et au pillage.

> « Tout le district est soulevé, c'est inouï, note le père Mordel. Il a suffi de quelques meneurs venus du sud pour entraîner des partisans qui se sont faits recruteurs et, de gré ou de force, tous les villages ont marché dans la rébellion ».

Incompréhension totale et amertume transparaîssent dans son évocation du mouvement qui a commencé près de Tamatave et révolutionné en quinze jours tout le pays, les Malgaches songeant surtout à libérer leur patrie des Français, des Chinois, etc.[17].

La situation des communautés chrétiennes est en fait complexe et reflète parfois les réactions diverses de leurs guides spirituels. À Farafangana par exemple, c'est sous la conduite du mpitandrina, c'est-à-dire le président du Conseil de fabrique, un catholique, et du pasteur que les chrétiens sont entrés dans la rébellion[18]. L'engagement des prêtres malgaches officiellement signalé par le chef de district étonne certains de leurs collègues français qui semblent découvrir la présence militante d'un groupe politique au grand séminaire de Tananarive. Les journaux malgaches y sont pourtant introduits et un résumé polycopié en est extrait[19]. L'implication active de nombreux catholiques déconcerte les missions catholiques que les difficultés rapprochent en outre des missions protestantes. Face à cette réalité déplaisante mais incontestable, les critiques habituelles se sont donc tues. Le pasteur Henri Peyrot, directeur de la Mission protestante française, peut alors conclure à une responsabilité partagée et, par conséquent, limitée :

> « Que certains ouvriers des églises, souvent pseudo-pasteurs, se soient laissés entraîner et égarer par la propagande rebelle, il n'y a rien d'étonnant et on ne peut, sauf par mauvaise foi, en faire un

---

17. ACSSp.2M1-5b[1], Diégo-Suarez, « Correspondance 1939-1950 », *Rapports du père Mordel*, Fénérive-Est, 22 juillet, 5 et 25 août 1947.

18. ACSSp.2M1-7a[6], Majunga, « Correspondance, période 1940-1949 », *Rapport du père Trouillot*, Majunga 12 mai 1947.

19. *Ibid.*

> reproche aux Missions. Le même phénomène peut être constaté chez les catholiques et il ne faut pas oublier que le député Rabemananjara, qui a été le grand excitateur de la région en révolte actuellement, est un ancien séminariste. Mais cela ne signifie nullement que les missions catholiques aient une responsabilité quelconque. Elles sont frappées comme nous »[20].

Il passe même à l'offensive, condamnant à la fois les détracteurs des missionnaires protestants et ceux qui s'agitent pour trouver des responsables. Ils sont invités au contraire à se demander si leur attitude et leur conception des relations avec les autochtones n'ont pas contribué à creuser le fossé et à exciter les esprits[21].

En fait, pour les missionnaires et les colons, la politique du gouvernement général se résume ironiquement à quelques mots: atermoiement, irresponsabilité, manque de clairvoyance et d'autorité. Mais la politique de fermeté qu'ils préconisent – « tant il nous tarde que la paix et la sérénité reviennent », s'impatiente le pasteur Becker[22] – s'inscrit dans des relations plutôt fragiles entre les deux autorités civiles et militaires. D'un côté, les services de renseignements ont minimisé l'ampleur de la révolte et, de l'autre, les autorités militaires manquent de moyens suffisants et appropriés pour l'affronter. Les considérations conjoncturelles expliquent entre autres la longue période d'incertitude dénoncée par les uns et les autres. Mais certains missionnaires désignent comme cible privilégiée le haut-commissaire de Coppet, socialiste et franc-maçon, « toujours là, hélas ![23] » qu'ils accusent de soumettre la gouvernance de l'île à l'influence d'idéologies préconçues. Bref, la crainte d'être massacrés attise l'inquiétude chez les Européens et il en subit les conséquences. Pourtant, dès le mois d'avril et en attendant son départ définitif qui surviendra en décembre, il reçoit de la métropole (gouvernement Ramadier) l'ordre de déclencher une répression vigoureuse. Conduite par le commandement militaire, elle se renforce jusqu'en juillet au fur et à mesure de l'arrivée et de l'installation des renforts, légionnaires, parachutistes et tirailleurs sénégalais solidement appuyés par des unités blindées, des moyens aériens et maritimes:

20. Peyrot H., pasteur, *Extraits de lettres*, Tananarive 27 juin 1947, dans JME, 1947.

21. *Ibid.*

22. Becker M., pasteur, *Extraits de lettres*, Tananarive, rapport du 21 juin 1947, dans JME, 1947.

23. ACSSp.2M1 5b[1], Diégo-Suarez, « Correspondance 1939-1950 », *Rapport Mordel*, Fénérive, 1er juillet 1947.

« “Le haut-commissaire semble vouloir se décider à faire quelque chose pour ramener la sécurité, mais quel est le ton des rapports qu'il envoie à Paris?” se demande le père Trouillot, quelque peu rassuré mais également prompt à raviver le ressentiment laissé par les lois anticléricales. “On ne veut pas voir clair, poursuit-il, et les missionnaires qui auraient pu être les meilleurs pacificateurs si on les avait aidés un peu à développer les écoles, on les a toujours plus ou moins brimés. C'est là l'œuvre d'une France qui faillit à sa mission pour rester franc-maçonne et laïque” »[24].

Ces propos sont d'autant plus excessifs qu'en janvier, soit quatre mois plus tôt, le président Vincent Auriol a repris symboliquement la tradition interrompue en 1905 des vœux des autorités religieuses à l'Élysée. Même si la question laïque n'a pas disparu du débat politique, elle se cantonne désormais au domaine scolaire.

Sur le terrain, en face d'un corps expéditionnaire de 18000 hommes, les insurgés qui ont attendu en vain une intervention extérieure sont encadrés par des instructeurs recrutés parmi les quelque 8000 anciens combattants expérimentés mais déconsidérés par l'administration. Leur situation inconfortable est même évoquée à Paris lors du Conseil des ministres du 11 juin 1947. Pour répondre à leur mécontentement, source de problèmes, Marius Moutet a réclamé un crédit de 30 millions dont François Mitterrand, ministre des Anciens combattants et victimes de la guerre, en a accepté le principe. Ce crédit est donc destiné à l'amélioration de leur pension et à la réorganisation de leurs comités de soutien. Or, à la déception créée par l'absence de secours extérieurs s'ajoute celle plus psychologique de l'inefficacité totale des « ody » (amulettes) supposés protéger les insurgés contre la force de feu des troupes françaises. Ainsi, lorsqu'une soudaine attaque éclate à Moramanga dans la nuit du 16 au 17 mai, « les rebelles fanatisés hurlent « ranoé ! ranoé !... », c'est-à-dire « ce n'est que de l'eau !... ce n'est que de l'eau !...[25] ». Ils ont cru en l'omnipotence du sorcier qui les a aspergés de potion magique qu'ils ont bue ensuite pour se prémunir des balles. Mais le miracle attendu ne s'est pas opéré et les « ody » n'ont pas transformé les balles en eau ! On peut remarquer en passant que les rites catholiques de vénération des reliques par exemple prêtent parfois à ambiguïté chez des autochtones incités vivement à abandonner leurs

---

24. ACSSp.2M1, 7a[6], Majunga, « Correspondance 1940-1949 », *Rapport du père Trouillot*, 23 avril 1947.

25. Vernier J., pasteur, *Extraits de lettres. Tananarive*, 24 mai, dans JME, 1947.

fétiches. D'un autre côté, la plupart des missionnaires rapidement remis de la surprise du déclenchement brutal de la révolte ne voient dans l'implication des chrétiens qu'une manipulation psychologique de rebelles païens bien orchestrée par les sorciers. Car confirmer la participation des fidèles et leur présence parmi les principaux meneurs, c'est risquer de relativiser le bilan de décennies d'efforts individuels et collectifs d'évangélisation et de lutte contre le paganisme.

Pourtant l'influence des sorciers et le recours aux pratiques non chrétiennes n'ont jamais disparu complètement même s'ils inspirent toujours une solide aversion aux protestants notamment. Aussi, le pasteur Becker veut-il convaincre (rapport du 21 juin 1947) que l'insurrection d'inspiration politique procède en grande partie de la recrudescence du paganisme, ce qui est une des explications plausibles de l'importance mineure que les insurgés ont accordée à l'armement à base d'arcs avec flèches, de sagaies, haches ou de machettes. Quelques dizaines de cadres seulement disposent d'armes modernes, fusils ou pistolets automatiques, tandis que les petits groupes mènent surtout la guérilla[26]. Manque d'armement, absence de logistiques efficaces, arrestation des chefs les uns après les autres et désarroi dans les groupes, bref, cet ensemble de facteurs aggravants installent progressivement un sentiment complexe où se mêlent résignation, fatigue morale et physique. En août, un communiqué de l'État-major vaut confirmation :

> « Dans toutes les régions, d'importantes opérations de nettoyage sont en cours. Les soumissions se font de plus en plus nombreuses. Les rebelles désorganisés incendient leurs villages et fuient en désordre devant nos colonnes. La route de Tamatave-Fénérive a été rouverte à la circulation »[27].

La lassitude est générale, étroitement liée aux difficultés de ravitaillement, au coût excessif de certains produits de base devenus rares et à la menace de famine. Enfin, dernière touche au tableau succinct d'une situation déprimante : c'est le passage des sauterelles partout dans le sud déjà déshérité qui a dévasté la plupart des

26. Tiersonnier J., s.j., *Madagascar, 1947-2002. Des sagaies aux ombrelles*, *op.cit.*, p.246, témoignage d'Édouard de Montalembert, commandant de compagnie en opérations.

27. AJF. FMa-71, *Histoire politique*, Madagascar central. Les troubles de 1947. Communiqué de l'État-major du général commandant en chef interarmées. *Nouvelles du 19 août 1947.*

récoltes de l'année[28]. Des deux côtés, français et malgache, ces paramètres sont intégrés et pris en compte. En 1947, la métropole est engagée en Indochine dans un autre conflit de décolonisation nécessitant l'envoi d'importants renforts prélevés sur les effectifs déployés dans l'île. Quant aux nationalistes qui ont échoué dans leur entreprise audacieuse de libération, ils n'ont pas su convaincre non plus d'autres ethnies côtières de les rejoindre, se privant ainsi de réserve d'hommes pour assurer la relève. Au sud-ouest par exemple, les Vezo et les Masikoro des environs de Tuléar, qui n'ont pas participé au soulèvement, offrent le 1er juin un sacrifice solennel d'action de grâces pour avoir échappé à la domination des Hova et font serment de fidélité à la France. D'autres groupes ethniques importants – Bara, Antandroy, Sakalave – ont été maintenus également à l'écart du soulèvement dont l'extinction en novembre 1948 ne marque pas la fin de l'antagonisme entre Merina et côtiers. La fin des opérations ininterrompues depuis mars 1947 n'entraîne pas non plus la disparition du dispositif des postes militaires maintenu jusqu'en août 1949. Plusieurs districts restent en état de siège et, en 1950, ceux de la province de Tamatave subissent encore des restrictions à la circulation. La répression à la fois civile et militaire a mis en lumière l'arrestation, le procès et la condamnation controversés des trois parlementaires malgaches du MDRM (Mouvement démocratique de rénovation malgache): Raseta, Rabemananjara et Ravoahangy, et entraîné le démantèlement du mouvement nationaliste.

À Paris, la question malgache a inspiré parfois des commentaires du président Auriol lors de certains Conseils des ministres comme celui du 10 juillet 1947. Il rappelle les sévices perpétrés par la police, les excès de la répression à l'encontre de Malgaches « fusillés un peu à tort et à travers et sans jugement » pour insister gravement sur le respect strict des règles judiciaires, en particulier sur la présence des avocats pendant les interrogatoires des inculpés.

Au reste, l'usage systématique de la torture a été vigoureusement condamné par le pasteur Emmanuel La Gravière, conseiller de l'Union française, de retour d'une semaine d'enquête dans l'île. Une réprobation partagée par le président Auriol. Mais au cours du bref entretien qu'il accorde le 13 janvier 1950, peu avant le Conseil des ministres, au haut-commissaire de Chevigné rentré définitive-

---

28. ACM (Lazaristes), Madagascar Sud, « Bulletin des Missions des Lazaristes », *Rapport de sœur Roy*, Vohipeno, octobre-novembre 1947, dans *Les Missions des Lazaristes et des Filles de la Charité.*

ment de Madagascar, Auriol estime néanmoins excessive l'agitation des protestants prompts à utiliser des photographies de Malgaches torturés à des fins de propagande[29].

Enfin, le bilan des victimes malgaches varie selon les sources et après bien des controverses, il est évalué à quelque 40000 sur une population d'environ 4500000 personnes contre 500 civils et militaires européens[30]. Cependant, c'est plutôt sur cet autre aspect des conséquences matérielles que se penche avec pertinence le pasteur Raymond Delord :

> « Que de destructions en attendant de notre côté ! On ne sait qui plaindre le plus, des colons qui voient toute leur peine perdue, ou des tanalas, rebelles ou fidèles qui voient leur pain quotidien, “leur beau maïs doré et bruni” par le foyer, consumé avec leurs admirables chalets sculptés, par la main insouciante d'un sous-officier »[31] !

Les conséquences psychologiques sont encore plus profondes et rendent peu propices les conditions à l'apaisement des esprits. D'autant que les relations sont restées distantes entre les Malgaches et la grande majorité des Européens impatients de voir réaffirmer l'autorité coloniale largement débordée depuis 1947. L'important dispositif répressif est donc destiné à les rassurer tout en marquant l'imagination des Malgaches qui n'assisteront à la disparition des entraves à une solution politique réelle qu'avec la promulgation de la loi-cadre de 1956. Quant à la défaite attendue des insurgés privés de tout renfort extérieur, elle n'a rien de ridicule face à la force de frappe des troupes de l'Union française. Rien d'étonnant non plus que le 29 mars soit devenu en 1967 le jour de la fête nationale malgache.

D'autre part, les missionnaires ont joué la neutralité ambiguë par pragmatisme, mais leurs narrations des événements montrent combien cette position de principe s'est révélée inconfortable. Il en est de même de leurs collègues étrangers qui se sont réfugiés dans une totale discrétion. Dès le début des troubles, les protestants

29. Norat P. et Ozouf J., « 1950, Vincent Auriol », *Journal du septennat, 1947-1954*, *op.cit.*

30. Biondi J.-P., « Clio et les Grands Blancs », *op.cit.*, p.58. Les chiffres varient de 100000 selon les Malgaches, à 89000, estimations de l'état-major militaire, et à 11160 contre 180 Européens, selon le haut-commissaire. Duval E.J., *La révolte des sagaies*, Madagascar, 1947, Paris, L'Harmattan, 2002.

31. Delord R., pasteur, *Extraits de lettres*, Ambositra, 18 juin 1947, dans JME 1947.

rendus aussitôt responsables par de nombreux Européens s'en défendent. Ils se déclarent au contraire les premiers et les plus touchés puisqu'un premier bilan établi dès juin 1947 fait état de plus de 400 églises ou annexes détruites ou disloquées[32]. Difficile d'établir un bilan d'ensemble des destructions d'ailleurs sans grand intérêt historique: Mgr Le Breton, évêque de Tamatave, estime par exemple que sur les 806 églises et maisons de prières du vicariat et de la côte Est, quelque 750 ont été incendiées[33]. En outre, les missionnaires protestants qui se sont vus reprocher le militantisme des pasteurs malgaches, cherchent à éviter dorénavant le mélange détonant du spirituel et du temporel. Leurs homologues catholiques n'échappent pas non plus aux critiques de certains milieux malgaches (notamment évolués) pour n'avoir ni partagé leurs préoccupations politiques ni soutenu leurs revendications. Les quelques recommandations données aux missionnaires par Mgr Batiot, évêque de Majunga, montrent que le message est désormais compris: adaptation des méthodes pastorales aux exigences des temps nouveaux, meilleure compréhension des préoccupations brûlantes du moment et collaboration active dans la résolution des problèmes entre Européens et Malgaches[34]. Car viennent s'y greffer les difficultés de dialogue entre clergé malgache et clergé européen qui rendent les relations encore délicates entre catholiques et protestants. Parallèlement, les nationalistes également ont évolué: jusqu'à la réforme de 1956, ils ne réclament plus que le statut d'État libre au sein de l'Union française et souhaitent accéder à une autonomie négociée avec la métropole. Évidemment, les missionnaires qui ont une conscience lucide de la réalité politique de l'île n'ignorent pas les fortes aspirations de bon nombre de leurs fidèles, lesquelles rencontrent un large écho favorable, en particulier chez les protestants. D'autre part, pendant les longs mois de crise, les uns et les autres, missionnaires catholiques comme missionnaires protestants, ont poursuivi leur action caritative auprès des victimes de la répression ou sollicité la clémence des autorités pour les condamnés sans oser s'attaquer au principe même de la colonisation. Ce que résume en termes explicites le père Besnard (mission de Diégo-Suarez), « la vie continue, l'évangélisation aussi ; nos assemblées chrétiennes

32. Peyrot H., pasteur, *Extraits de lettres*, Tananarive, 14 juin 1947.

33. AJF, FMa-71, *Histoire politique*, Madagascar Central. Églises brûlées (statistiques), rapport du 13 septembre 1947.

34. ACSSp.-2M1, 6a³, Majunga, *Prospectus Status Missionis. 1923-1949*, Mgr Batiot à la Propagande, Majunga 15 novembre1948.

sont normales, les tournées se font »[35]. En fait, dès la mi-avril 1947, la mutinerie militaire ayant avorté, la région n'est plus une source d'inquiétudes et les autres régions non secouées par les troubles sont demeurées calmes. L'année suivante, sur la côte sud-est, la mission de Fort-Dauphin qui n'a enregistré aucune perte de vie humaine peut célébrer en toute quiétude le tricentenaire de l'arrivée des premiers lazaristes et le cinquantenaire de son érection en vicariat apostolique. Enfin, si le mouvement nationaliste a perdu de sa vigueur, il n'a pas disparu et l'aspiration de nombreux Malgaches à l'émancipation reste vivace, ce qu'admet le rapport d'ensemble de l'année 1949 :

> « Tout se passe comme si l'action menée en France par le Mouvement Démocratique de la Rénovation Malgache (MDRM) avant que ses chefs aient orienté ce parti vers l'action directe, étaient reprise par des hommes bien décidés, forts de l'expérience acquise, à obtenir satisfaction par des moyens plus politiques mais au service du même but »[36].

Sur ce point, malgré la prédominance protestante dans les milieux nationalistes issus du MDRM, ce sont pourtant les catholiques plus présents dans les groupes modérés des populations côtières qui les premiers rompent avec l'immobilisme pour s'engager ouvertement dans le jeu politique. Ils sont soutenus et encouragés par les journaux « Lumière et Lakroa ». Face au rapport de forces prometteur pour les Malgaches au sein du clergé, la lutte contre le communisme et, sous-jacente, l'émulation avec les protestants imposent un changement d'optique, donc de tactique. C'est ainsi qu'en 1953, dans un communiqué officiel et sans équivoque, leur hiérarchie reconnaît le droit des Malgaches à l'indépendance. Dès lors, s'accélère une double évolution parallèle, religieuse et politique, qui fait de la décennie cinquante celle de l'émancipation et de la fin de l'Union française.

---

35. ACSSp.2M1-5b[1], Diégo-Suaerz, « Correspondance 1939-1950 », *Rapport du père Besnard*, Diégo-Suarez, 6 mai 1947. Des propos rassurants qu'il nuance quelques mois plus tard quand il écrit : « On soupire après une autorité qui mette un peu d'ordre dans le pays », 14 novembre 1947.

36. Cité par Eugène-Jean Duval, dans *La révolte des sagaies*, *op.cit.*, p.343.

6

Irrésistible glissement politique : adhésion des missionnaires à un nationalisme modéré

Rupture avec le pouvoir colonial et ses objectifs

L'impossible renaissance de l'empire

Les autorités administratives ont repris le contrôle de la Grande Île en recourant à la terreur collective contre des autochtones soupçonnés d'abriter des insurgés. Comme le climat général est à la méfiance à l'égard de toute action politique, parler d'autonomie expose à une accusation de communisme. Sur ce chapitre, catholiques et protestants se rejoignent pour s'opposer au communisme et appuyer les nationalistes modérés. Pour l'Église, anticolonialisme et communisme athée sont étroitement liés, d'autant que dès 1946 et surtout en 1948-1949, le PCF (Parti communiste français) s'engage résolument dans la lutte anticolonialiste au côté de l'URSS avec implication militante dans la Guerre froide. Un décret du Saint-Office daté de juillet 1949 vient alourdir encore la sanction en menaçant d'excommunication les fidèles adhérents ou soutiens des courants d'influences jugés préjudiciables à leur salut. Il confirme la condamnation prononcée dans les années 1930 et reprise dans le communiqué de Pie XII adressé aux cardinaux et évêques à la Noël 1942. De nombreux Malgaches s'engagent alors dans des associations ou militent dans les syndicats chrétiens dont l'action semble suffisamment pertinente pour attirer les suspicions de l'administration. Mais l'attentisme catholique observé lors des troubles, conforté en outre par l'obsession du communisme, a également irrité et déçu ceux qui considèrent les missionnaires comme des alliés sûrs.

En 1934 pourtant, dans une période coloniale façonnée par le mythe de l'assimilation, la hiérarchie catholique a défendu la légitimité du nationalisme dans le cadre français. Cette légère entorse faite au compromis qui avait délimité la sphère de la religion chrétienne a même ouvert des perspectives nouvelles. Ainsi, à l'occasion du XIXe centenaire de la Rédemption, les vicaires et préfet apostoliques ont voulu organiser à Tananarive un congrès eucharistique, le premier dans l'île (18-28 janvier 1934). Mais le refus de la municipalité d'autoriser la procession d'ouverture autour du lac Anosy contraint les congressistes à se contenter des cours du collège. C'est dans ce contexte inhabituel que la hiérarchie adresse à tous les fidèles un document en quatre parties dont la dernière intitulée « Le légitime nationalisme » (document 4) est la réponse catholique à la vive campagne nationaliste soutenue par les communistes[1]. En octobre 1937, nouvelle réunion dans la capitale et nouvelle mise en garde plus précise contre le communisme (document 5 sous le titre « L'appel aux fidèles »). Toutefois, cette dernière prise de position semble destiner d'abord à rassurer les autorités coloniales en dissipant l'impression confuse laissée par celle déjà très modérée de janvier 1934, puis à provoquer une rencontre avec le gouverneur général Cayla.

À la fin de la décennie, les statistiques missionnaires font état de 75% de Malgaches non chrétiens, malgré une propagande toujours très active et une influence marquée du christianisme dans l'évolution de l'île. En témoignent l'ordination de prêtres autochtones, le sacre du premier évêque Mgr Ramarosandratana par la pape Pie XI, et l'élection du pasteur Ravelojaona au Conseil supérieur des Colonies ou encore la direction d'églises protestantes assurée par des nationaux. On peut mentionner également quelques-unes des nombreuses occasions de rencontre: Isan'enim-bolana, un organisme commun aux différentes missions constituées en Isan-Kérin-Taona indépendants; des conférences intermissionnaires protestantes comme celle tenue à Fianarantsoa en août 1938, ou encore des conférences sur le développement du champ d'activité à Tananarive en avril 1939, sans oublier la commémoration du centenaire des martyrs.

La même année, Cayla quitte l'île pour Dakar, après sept ans de gouvernance et au grand regret des missionnaires pour les relations cordiales tissées au fil du temps[2].

1. ACSSp.2M1-10³: Madagascar, *Extraits de journaux*, période 1923-1948: « Un Congrès eucharistique à Tananarive » dans *La Croix* du 9 mars 1934, et Madagascar, du 21 mars 1934.

2. ACSSp.2M1-7a⁵: Majunga, « Correspondance, période 1939-1940 », *Rapport Mgr Pichot*, 19 avril 1939.

Marcel de Coppet nommé en 1940 pour le remplacer est ensuite révoqué par le gouvernement de Vichy pour s'être rallié à la France libre ; il ne revient dans l'île qu'en mai 1946. Enfin, au moment du déclenchement de la guerre, les missionnaires sont d'abord appelés puis démobilisés en vertu du décret Mandel du 14 novembre 1939 et rendus à leurs postes après deux mois de séjour dans les casernes (jusqu'en janvier). La mesure n'est guère appréciée de l'autorité militaire de la grosse garnison de Diégo-Suarez puisque dès le 15 novembre, sur les 12 mobilisables de la mission, seul le père Britschu est engagé à l'hôpital comme sergent-chef. Des commerçants, colons et administrateurs sont également mobilisés, tandis que les élèves sont appelés à passer devant un Conseil de révision. Les manifestations de loyalisme ont donc remplacé, pour l'heure, les revendications nationalistes, constatent les pasteurs du district de Diégo-Suarez :

> « Les indigènes sont très calmes. Ils sont d'un loyalisme absolu, surtout les Sakalaves qui sont nos alliés depuis 1840. Partout les gens prient pour la victoire de la France, pour l'administration. Ils se rendent compte, inconsciemment peut-être, que Français et Malgaches ne forment qu'une communauté, surtout en ce moment. Chez les tirailleurs aussi, l'esprit est bon, quoique le service soit assez dur. Malheureusement, ils n'ont pas de passe-temps en dehors du service »[3].

L'initiative ambitieuse prise opportunément par le pasteur Oechsner tente alors de satisfaire à un double impératif : création à leur intention d'un foyer du soldat en attendant la publication d'un journal d'information et d'évangélisation.

Après la guerre, la lettre des évêques du 24 septembre1946 sur le devoir des missionnaires et des chrétiens donne le ton d'un changement dans la prise de conscience de la nouvelle donne politique. Toutefois, s'ils progressent dans la compréhension de l'aspiration légitime des fidèles à s'administrer eux-mêmes, ils se gardent bien d'en préciser l'échéance et assortissent leur approbation de conditions difficilement réalisables. L'année suivante, ils s'obligent même à une neutralité politique discutable (communiqué d'Antsirabé, 27 avril 1947) :

---

3. Œchsner de Coninck, pasteur, district de Diégo-Suarez, *Rapport du 24-30 décembre 1939*, Mission d'Anivorano du nord, dans *Journal des Missions évangéliques*.

> « En beaucoup d'endroits, les catholiques sont invités à prendre part à une politique de contrainte et de violence, d'inspiration païenne et anti-chrétienne. Il fallait les éclairer. Sans entrer aucunement dans la discussion des faits politiques, les évêques proclameront à travers tout le pays le devoir de fidélité à la foi et à l'Église catholique ».

Du côté du Vatican, on s'efforce également de s'adapter aux mutations en cours. En accordant plus de liberté d'appréciation à l'autorité ecclésiastique, l'encyclique *Mediator Dei* du pape Pie XII (20 novembre1947) sur l'évolution des structures liturgiques en est une traduction concrète. Un tel aménagement structurel vaut déjà reconnaissance implicite de la maturité religieuse et, donc, politique des Malgaches.

Il suit depuis 1946 l'ouverture du Sacré Collège qui groupe tous les cardinaux à des Chinois, Japonais et Africains. Du côté des Églises protestantes enfin, la Commission en charge des Affaires internationales envisage elle aussi de « coopérer par son action auprès de toutes les nations au bien-être des peuples dépendants et à leur promotion à l'indépendance dans le jeu des libres institutions politiques[4] ». Mais la politique coloniale n'est pas du ressort des Églises et elles le savent, car cette distinction essentielle des objectifs et des rôles garantit leurs relations courtoises et déférentes avec l'administration. C'est ainsi que le 28 février 1950, Mgr Batiot, vicaire apostolique de Majunga, remet les insignes de Commandeur de l'Ordre de saint Grégoire le Grand à l'administrateur en chef Henrion, chef de la province de Majunga, pour son comportement durant la période de troubles. Deux ans plus tard, le 10 mai 1952, c'est au tour de l'administrateur Saget, son adjoint, accompagné de l'administrateur-maire et du clergé d'accueillir le même évêque à son retour de France où son état a nécessité des soins. Ces marques d'égards rendent le retournement de la situation d'autant plus inattendu que c'est l'épiscopat qui va créer l'événement en tirant le premier la conclusion politique de la crise de 1947, tandis qu'en métropole, la politique coloniale des gouvernements de la Troisième force met entre parenthèses les tentatives de réformes de l'après-guerre. L'heure est à l'affrontement avec les nationalistes accusés de se prêter au jeu de Moscou, car le climat de Guerre froide sert d'argument massue au maintien du *statu quo* au sein d'une Union française à structure autoritaire. Le programme d'émancipation

---

4. Cité par Pierre Guillaume, dans *Le Monde colonial, XIXe-XXe siècle*, Colin, Paris, 1994, p.84.

semble ainsi définitivement ajourné au début des années 1950. En janvier 1951, François Mitterrand, ministre UDSR (Union démocratique et socialiste de la Résistance) de la France d'Outre-mer, peut déclarer en toute quiétude : « Il ne saurait être question de changer le statut de Madagascar. L'avenir de Madagascar est dans le cadre de la République française. L'évolution des Malgaches doit se faire au sein de la République[5] ». Et d'annoncer l'année suivante que « la France du XXIe siècle sera africaine ou ne sera pas »[6].

Année 1953 : le choix du moment favorable

Cependant, les interventions remarquées de l'Église catholique incarnent progressivement une vision alternative de l'avenir de la société malgache. Dans sa lettre datée du 9 août 1950 adressée au cardinal Fumasoni-Biondi, préfet de la Propagande, Pie XII rappelle avec insistance que « le dessein de l'Église n'est pas de dominer le peuple ou de s'emparer du pouvoir temporel, mais son seul désir est de favoriser le développement de la civilisation humaine et civile ». L'année suivante, le 2 juin, dans l'encyclique *Evangelii praecones* (Pour le progrès des Missions), il va encore plus loin quand il affirme :

> « L'Église doit être fermement et définitivement établie chez les nouveaux peuples et recevoir une hiérarchie propre, choisie parmi les habitants du lieu ».

Cette encyclique, comme son discours de juin 1944 aux directeurs des Oeuvres missionnaires, encourage vivement à la promotion du clergé autochtone, en l'occurrence malgache. L'Église bénéficie même d'un renouveau spirituel préparé par les grandes missions mariale et eucharistique – en 1950, Année Sainte, et 1951 – que clôt le Congrès eucharistique de Tananarive. Mgr Marcel Lefèbvre, vicaire apostolique de Dakar connu surtout pour sa réticence à l'égard de la décolonisation, en a assuré la présidence en sa qualité de délégué apostolique de l'Afrique française et de Madagascar. Le Congrès réunit les onze chefs des divisions ecclésiasti-

5. Histoire de la France coloniale, t. III « Le déclin », troisième partie : *La décolonisation au regard de la France*, par Robert-Charles Ageron, Pocket Agora, p.316.

6. Cité par Jacques Binoche-Guedra, dans *La France d'Outre-mer, 1815-1962*, Masson, 1992, p.201.

ques de l'île, l'évêque de la Réunion ainsi que de nombreux autochtones et Européens. Le message du pape lu aux participants se veut rassurant et porte sur la valeur culturelle malgache. Il affectionne des formules aussi audacieuses que « votre patrie », « l'épopée malgache » ou encore « succession d'ombre et de lumière » qui sont autant d'encouragements précieux au nationalisme (*La Croix* du 5 octobre 1951).

Parallèlement, avec la promulgation du Code du travail outre-mer en 1952, se profile également en métropole la rupture entre idéologie coloniale et intérêts économiques. Des critiques s'élèvent contre la colonisation, évoquent son coût jugé excessif qui risque de freiner la reconstruction économique de la France confrontée déjà à de sévères déséquilibres structurels, et d'imposer davantage ses contribuables ; certains proposent même un désengagement économique outre-mer. On constate à ce propos que l'abolition du travail forcé en 1945 avait pour corollaire, en principe, le Code du travail. Mais le vote n'intervient qu'en décembre 1952 et son application encore un peu plus tard. Si l'épiscopat en livre un commentaire positif et s'en réjouit, il rappelle aussi que l'Église a régulièrement insisté sur l'importance des problèmes sociaux et le développement de plus de justice et de charité dans le monde du travail[7]. En attendant, désengagement économique ne signifie pas mécaniquement décolonisation politique qui verrait la France se passer de ses territoires d'outre-mer. Une perte qu'elle se refuse à courir même si son évolution est déjà également et étroitement liée à celle de l'Europe qui accapare progressivement ses échanges. Les années suivantes vont d'ailleurs lui permettre de réaliser et d'asseoir son appartenance aux deux marchés outre-mer (africain et malgache) et européen.

Au total, jusqu'en 1952, les préoccupations essentielles de l'opinion française portent moins sur les problèmes coloniaux que sur les questions internationales et les difficultés de politique intérieure et économique. Dans ce contexte, l'épiscopat de Madagascar peut s'engager davantage aux côtés des nationalistes modérés et s'emparer du rôle d'avant-garde d'une véritable libération. Le 27 novembre 1953, à l'issue de sa conférence plénière à Tananarive, il se prononce donc directement pour la première fois en faveur de l'indépendance de l'île[8] :

---

7. ACSSp.2M1-10[10], Madagascar, *Documentation*, période 1951 à 1960. Correspondance des vicaires et préfet apostoliques sur le code du travail.

8. ACSSp.2M1, 10 [6], Madagascar, *Extraits de journaux*, période de 1951-1959, « Les évêques de Madagascar, l'indépendance et l'amnistie politique », dans *La Croix* du 21 janvier 1954.

« L'Église souhaite ardemment que les hommes comme les peuples progressent vers plus de bien-être et assument toujours davantage leurs responsabilités – la grandeur de l'homme vient de ce qu'il est libre et responsable – et la liberté politique est une de ces libertés et de ces responsabilités fondamentales. Ne pas en jouir prouve une évolution inachevée et ne peut être que temporaire. Aussi l'Église, comme le droit naturel, reconnaît la liberté des peuples à se gouverner eux-mêmes... En conclusion, nous reconnaissons la légitimité de l'aspiration à l'indépendance, comme aussi de tout effort constructif pour y parvenir. Mais nous vous mettons en garde contre les déviations possibles, spécialement contre la haine qui ne peut trouver place dans un cœur chrétien ».

Cette déclaration de soutien de l'épiscopat adressée aux fidèles au nom de l'Église romaine et étalée dans les journaux locaux a rencontré un écho inattendu et considérable. Outre qu'elle marginalise la puissance tutrice et les milieux coloniaux en jouant le rôle mobilisateur de l'émancipation, elle sonne aussi la fin de la neutralité fort incommode observée par l'Église depuis la guerre. Elle dissipe enfin la confusion introduite en juillet 1949 par le décret du Saint-Office entre la lutte contre le communisme et le refus d'émancipation des citoyens extra-hexagonaux. Toutefois, au sein de la communauté catholique de l'île, la hiérarchie n'a pas fait l'unanimité sur l'opportunité du communiqué pourtant mesuré. Les réactions plus que mitigées des vicariats apostoliques de l'ouest et du sud mises en lumière lors des troubles de 1947 sont assez révélatrices de leur attachement à l'autorité en place et clarifient leur position de retrait.

Quant aux missions étrangères, elles s'interdisent de s'immiscer dans la sphère politique, estimant même dangereux « d'avoir des amis nationalistes », ce qui empêche tout débat sur la question d'indépendance (*Réforme,* journal protestant du 27 mars 1954). Les missions protestantes qui n'ont encore rien publié sont invitées à préciser leur position par un mandement parallèle.

Enfin, les réactions des autorités et des milieux coloniaux sont à la mesure du retentissement de l'audace politique de l'épiscopat. Elles n'ont pourtant produit ni effet dissuasif majeur ni menacé de déstabilisation la communauté chrétienne malgache bien encadrée par son propre clergé. D'autant que, chaque année, les vicaires apostoliques se réunissent en conférence plénière et publient un mandement dont ils soumettent préalablement le texte pour avis au gouverneur général avant sa communication au public. Leur volonté de s'en dispenser semble donc délibérée quand on considère la teneur de la déclaration incluant, entre diverses autres directives, l'amnistie, et la procédure adoptée qui rompt avec les usages en vigueur. Bref, l'Église prend ses distances avec le pouvoir politique et le fait savoir.

Informées par la presse, les autorités n'ont pas jugé opportun d'alerter immédiatement le ministère de tutelle qui en prend connaissance ultérieurement. Le communiqué de l'épiscopat s'adresse en priorité, il est vrai, aux fidèles. Cependant le 1er janvier 1954, devant les corps constitués qui lui présentent leurs vœux, Robert Bargues, le haut-commissaire, exprime sa vive réprobation :

> « Il est simplement regrettable que d'aucuns qui comptent pourtant parmi les guides spirituels de la population aient pu s'éloigner des enseignements de l'Écriture et marquer dans une déclaration officielle leurs encouragements à des manœuvres qui auraient pour objet de bouleverser l'ordre établi, d'enfreindre la Constitution et de soustraire de la Communauté française un territoire partie intégrante de la République. Il nous reste à souhaiter que cet appel ne soit pas entendu »[9].

Une polémique s'engage alors dans la presse. Les commentaires reflètent la diversité des opinions, la surprise et parfois l'incompréhension, mais ils soulignent en général la modération de la déclaration épiscopale sur le problème brûlant de l'indépendance. Des rumeurs fantaisistes ont même brui sur l'éventualité d'une nouvelle rébellion dont les évêques favorables à une sélective amnistie politique auraient la primeur. Certains organes de presse comme *Tana-journal* défendent au contraire les intérêts des milieux coloniaux en condamnant toute idée d'indépendance. Sous le titre provocateur « Inquiétantes excentricités », Roger Clément écrit par exemple :

> « Les Français de ce pays ne toléreront pas que quiconque, que ce soit par démagogie temporelle ou par démagogie spirituelle, mette en danger la position de la France à Madagascar »[10].

La réfutation est rapidement orchestrée par le père Dailliez, rédacteur en chef de *Lumière,* l'hebdomadaire catholique de Fianarantsoa, en date du 25 décembre 1953 :

---

9. ACSSp.2M1 10⁶, Madagascar, *Extraits de journaux*, période 1951-1959, « Les Missions catholiques et le nationalisme », *La Croix*, 28 janvier 1954.

10. ACSSp.2M1, 10 ⁶, Madagascar, Extraits de journaux, période de 1951 à 1959. Cité dans *Afrique Nouvelle*, 10 février 1954.

« Qu'ont dit les Prélats sur le principe même de l'indépendance, qui ne soit l'élémentaire expression du droit naturel... En parlant ainsi, disent-ils autre chose que ce que la France proclame à toute occasion de son désir d'acheminer les peuples sous tutelle à se gouverner eux-mêmes ? »

Le 15 janvier 1954, dans sa critique de la harangue du haut-commissaire, il prend la défense de son journal décrié pour avoir diffusé le communiqué épiscopal et soutenu la campagne en faveur de l'amnistie politique. Sans insister outre mesure sur la récusation du grief d'ordre théologique, il fait observer malicieusement qu'« il est singulier de voir un gouverneur général reprocher à une assemblée d'évêques de *s'éloigner des enseignements de l'Écriture* ». Quinze jours plus tôt, le 1er janvier, le commentaire plus nuancé de Gabriel Razafintsalama, directeur du journal « *Ny Fandrosoani-Baovao* » (le Nouveau Progrès) proche des milieux protestants, se veut au contraire l'expression de la plupart des Malgaches :

« ... Nous agissons comme s'il n'y avait que des Malgaches à Madagascar. Nous oublions qu'il y a également des Français dans le pays... Les Malgaches veulent s'emparer du pouvoir car c'est leur patrie à eux ; de leur côté, les Français ne veulent pas lâcher prise. Dès lors et quoiqu'on fasse, naissent fatalement la haine et la rancune ».

L'initiative délibérée des chefs de mission de Madagascar est donc à forte portée politique tant à l'intérieur qu'à l'extérieur de l'île. En métropole, elle incite l'épiscopat à soutenir le père Joseph Michel, aumônier général des étudiants catholiques d'outre-mer, violemment critiqué pour avoir préconisé dans sa brochure *Le devoir de décolonisation*. Si le Vatican hésite encore à se prononcer publiquement, il ne rejette pas cette tentative d'ouverture vers l'émancipation. Un nouveau pas est franchi.

Finalement, en 1945, bien peu de Français sont favorables à l'indépendance des territoires coloniaux, voire à leur autonomie. En 1954, alors que le nouveau président du Conseil, Pierre Mendes-France poursuit, après la fin de la guerre d'Indochine et le début de celle d'Algérie, son programme de décolonisation politique en reconnaissant l'autonomie interne de l'État tunisien, le ministre de l'Intérieur François Mitterrand confirme au contraire la prétention assimilatrice du gouvernement quand il déclare en novembre :

> « Des Flandres au Congo, la loi s'impose et cette loi est française. Telle est notre règle, non seulement parce que la Constitution nous l'impose, mais parce qu'elle est conforme à nos volontés ».

La perte de légitimité de la France face aux revendications d'indépendance accentue désormais les clivages idéologiques entre adversaires et partisans de l'émancipation au moment où l'Église par souci de cohésion préconise à ses fidèles d'en accepter lucidement l'idée. Dans le même esprit s'inscrit le message de Noël du pape Pie XII qui reconnaît le droit des peuples dominés à la souveraineté tout en s'inquiétant de l'impact des mouvements nationalistes et sans disculper l'Europe de ses erreurs :

> « Chez quelques peuples considérés jusqu'à présent comme coloniaux, le processus d'évolution vers l'autonomie politique que l'Europe aurait dû guider avec prévoyance et attention, s'est rapidement transformé en explosions de nationalisme avide de puissance. Il faut avouer que ces incendies imprévus au détriment du prestige et des intérêts de l'Europe sont, au moins partiellement, le fruit de son mauvais exemple »[11].

Après le soutien des évêques métropolitains à l'épiscopat de Madagascar, le Saint-Siège emboîte rapidement le pas. Et tandis que se confirme l'évolution politique amorcée sous l'administration Mendès-France, s'accélère enfin le processus de décolonisation des deux Églises chrétiennes. Du côté protestant par exemple, le sacre en 1956 du premier évêque anglican malgache Jean Marcel ou la nomination du premier président de la FFMA (Église des Amis, Quakers) le pasteur malgache Andrianaly Ratavao en 1959 incarnent le changement d'optique.

11. Cité dans « L'Église catholique romaine et le nationalisme en Afrique noire » par le père Joseph-Roger de Benoîst, *Revue française d'études politiques africaines*, n° 53, mai 1970, p. 36.

Parallélisme des politiques des acteurs colonial et religieux dans l'évolution en cours, 1955-1958

La décolonisation de l'Église catholique : fin de la décennie d'incertitude (1945-1955)

Du côté catholique, l'encyclique *Musicae Sacrae disciplina* de Pie XII en *décembre* 1955 complète l'assouplissement des règles liturgiques introduit par l'encyclique *Mediator Dei* de novembre 1947 en permettant aux fidèles d'exprimer leurs sentiments religieux dans leur propre langue. Cette réforme prend enfin en compte une réalité sociologique simple :

> « Beaucoup de peuples jouissent étonnamment des rythmes de la musique et se servent du chant sacré dans les cérémonies dédiées au culte des idoles. Il n'est donc pas habile de sous-estimer ou de négliger entièrement cette aide efficace. Aussi les messagers de l'Évangile dans les régions païennes s'attacheront volontiers dans leur ministère apostolique à développer cet amour du chant religieux si vivant parmi les populations dont ils ont la charge ».

Les deux encycliques entrent dans le long et laborieux processus d'adaptation du christianisme dont le message fortement émancipateur a poussé à l'africanisation et à la malgachisation de la liturgie. Sur ce chapitre, en métropole, devant la transformation de la société française, paraît en 1943 un livre des pères H. Godin et Y. Daniel, aumôniers du mouvement de la Jeunesse Ouvrière Chrétienne : *France, pays de mission ?* qui fait apparaître une France déchristianisée. L'Église alors se mobilise après la guerre en recourant à de nouvelles liturgies plus compréhensibles et surtout en traduisant les textes des offices en français.

D'autre part, ces Africains et Malgaches citoyens de l'Union française ne vivent pas en vase clos dans une conjoncture internationale de plus en plus hostile à la colonisation et ouverte à la détente en raison du relâchement progressif de la Guerre froide. Aussi, quand 27 États, pays pauvres, anciennes colonies ou protectorats se réunissent à Bandoeng (Indonésie) du 18 au 24 avril 1955, ils condamnent certes la politique des blocs mais surtout le colonialisme et le racisme. La résonance inespérée de cette première conférence afro-asiatique affecte les réactions des Grandes puissances et du Vatican, puis celles des milieux catholiques et protestants qui se déclarent sans ambages anticolonialistes. Enfin, à l'instar de son homologue de Madagascar, l'épiscopat de l'AOF et du Togo réuni en avril en assemblée plénière à Dakar affirme à son tour légitime l'aspiration à l'autonomie politique, tandis que la priorité à l'indépendance supplante progressivement chez la plupart des intellectuels la simple revendication à l'égalité des droits. La marche s'accélère. Par la Constitution apostolique du 14 septembre, soit moins de cinq mois après la conférence de Bandoeng, le pape Pie XII établit la hiérarchie épiscopale en Afrique noire française et à Madagascar. Onze provinces ecclésiastiques sont créées et leur érection entraîne la nomination d'évêques africains et malgaches à la tête des diocèses qui se substituent aux anciens vicariats apostoliques. La Grande Île sort ainsi du cadre traditionnel d'un pays de mission. Toutefois, en attendant que deux autres Malgaches prennent la direction des divisions épiscopales de Fianarantsoa et de Tananarive en 1960 et rejoignent leur compatriote Mgr Ignace Ramarosandratana, premier évêque sacré en 1939, les nouveaux diocèses sont tenus par des prélats européens. C'est le cas du diocèse de Majunga avec Mgr David, ancien vicaire apostolique devenu évêque titulaire. Les Jésuites se voient doter également d'une province spécifique en décembre 1957 ; ceux qui exercent dans l'île relèvent, dans leurs relations directes avec le Vatican, de l'autorité d'un Provincial, en l'occurrence un Italien, Giovanni Costa.

En donnant l'impulsion majeure, le Saint-Siège ouvre donc une nouvelle étape décisive dans cette période préconciliaire et atteste la maturité politique de l'Afrique noire française et de Madagascar. C'est la fin de la décolonisation de l'Église que Pie XII confirme à nouveau (radiomessage de Noël), et il en profite pour revenir également sur la question d'indépendance avec la volonté de clore la décennie d'incertitude pour la communauté catholique (1945-1955) :

> « De toute façon, demande-t-il, qu'une liberté juste et progressive ne soit pas refusée à ces peuples ».

Fort de la déclaration pontificale, Mgr Rolland, évêque du diocèse d'Antsirabe (nord-est), se prononce clairement et fermement en faveur de l'indépendance lors de son message de Noël 1956 à ses fidèles qu'il invite même à œuvrer pour la promouvoir.

Ainsi s'achève en moins de quatre ans, 1953–fin 1956, à l'initiative constructive de l'épiscopat de la Grande Île, suivie de celle des églises locales d'Afrique noire française, la décolonisation de la hiérarchie par le transfert des responsabilités aux nationaux. L'impulsion reçue du Vatican y a largement contribué avec l'ordination de la première génération de prêtres dans l'entre-deux-guerres. Elle a conduit localement à la rupture du compromis subtil entre missionnaires et administration coloniale. Des critiques n'ont pas manqué, émanant de la droite et de certains milieux d'affaires et même d'anticléricaux. On peut citer François Méjan, un juriste socialiste. En 1956, dans son ouvrage « L'Église catholique et la France d'outre-mer », il condamne la politique qualifiée de « désoccidentalisation » et d'« indigénisation » du Saint-Siège :

> « La puissance de l'Église catholique décide seule – « sans droit de regard » du gouvernement français qui paie pourtant son clergé et ses œuvres outre-mer – du remplacement des vicaires apostoliques français par des évêques autochtones et de l'érection générale de la hiérarchie épiscopale dans l'Afrique française. Dès lors, elle proclame qu'ayant ainsi agi *proprio motu* dans l'organisation ecclésiastique, cela marque que, dans l'organisation temporelle, ces territoires sont mûrs pour l'émancipation politique, pour le départ de sa Puissance européenne et la cessation de sa tutelle »[12].

Fin du statu quo : l'autonomie politique interne contre une modération des revendications des nationalistes (1956-1957)

La conjonction des désillusions en Indochine en 1954 et au Maghreb (indépendance du Maroc et de la Tunisie en mars 1956) déclenche une réforme constitutionnelle de l'Union française. Certes, la métropole qui ne se résoud pas à la laisser échapper, y maintient son emprise par des réformes économiques coûteuses telles que le FIDES (Fonds d'investissements et de développement économique et social créé en 1946) et culturelles. Mais devant le blocage en Algérie, le gouvernement Guy Mollet issu des élections législatives de janvier 1956, cherche à éviter en Afrique noire française tout engagement coûteux et meurtrier comme en Indochine. Pour la première fois, un Africain, Félix Houphouët-Boigny, est même nommé ministre délégué à la Présidence et non plus simple secrétaire d'État. Un projet de réformes esquissé par Pierre-Henri Teitgen, ancien ministre de la France d'outre-mer – FOM – prend corps en juin 1956. C'est la loi-cadre Defferre (du nom du nouveau ministre de la FOM, Gaston Defferre) d'autonomie politique interne

12. Méjan François, « L'Église catholique et la France d'outre-mer », *Cercle parisien de la Ligue française de l'Enseignement*, 1956, p. 108.

des territoires d'outre-mer, moyen ingénieux pour amener les nationalistes à plus de modération dans leurs revendications économiques et sociales, bref, un compromis de circonstance. La publication des textes d'application ne paraît d'ailleurs qu'en mars 1957, activée par la conjoncture difficile au Maghreb et surtout par le retentissement politique désastreux de la crise de Suez (juillet et novembre 1956), Paris et Londres voulant signifier aux nationalistes partout dans leurs territoires coloniaux qu'ils ne cèderont pas. L'influence de cette double conjoncture, nationale et internationale, compromet définitivement les chances de la IVe République de reprendre pied sur le plan stratégique.

Les réformes introduisent le suffrage universel et le collège unique, prévoient la malgachisation des cadres administratifs et installent des conseils de province et un Conseil de gouvernement central à Tananarive. L'île renoue avec la vie politique. L'autorité est partagée entre le haut-commissaire et le président du gouvernement malgache aux attributions évidemment restreintes. En outre, aux cinq provinces autonomes – Tananarive, Fianarantsoa sur les hauts-plateaux, Tamatave sur la côte Est, Tuléar au sud et Majunga au nord-ouest – s'ajoute depuis janvier 1956 Diégo-Suarez pour souligner la grande diversité de l'île. Enfin, sur la scène politique vont dominer deux formations politiques qui se sont opposées depuis la fin de la guerre. L'une est surtout côtière, le PSD (Parti social-démocrate) issu de l'ex-PADESM en 1956, et l'autre est essentiellement merina héritée du MDRM, l'AKFM (Parti du Congrès de l'indépendance de Madagascar) en 1958. Le PSD qui dispose d'un journal, *La République,* souhaite une indépendance progressive en accord avec la France ; il compte sur le suffrage universel pour s'imposer numériquement face aux Merina. L'AKFM dirigé par le pasteur Richard Andriamanjato s'accroche au contraire à l'idée d'indépendance intégrale et immédiate. Le PSD remporte les élections avec le soutien de l'épiscopat catholique et de l'administration. En réalité, catholiques et protestants nationalistes modérés sont présents dans les deux formations politiques.

7

Catholiques et protestants : au-delà des marqueurs spécifiques, une évolution également parallèle

Un processus de transfert des pouvoirs à unanimité de façade

Or, c'est à la faveur de ces élections législatives de janvier 1956 que l'épiscopat, celui de Tananarive en particulier, s'affirme comme une force politique incontournable dans la lutte engagée contre « les candidats de l'administration, les communistes et leurs *alliés* protestants »[1]. Une telle violence inutilement excessive ne peut s'expliquer que par le brillant succès des protestants dans la ville, laissant la banlieue à la majorité catholique. Mais aux élections provinciales du 21 mars 1957, Tananarive donne la majorité au groupe des Indépendants réunissant catholiques et protestants menés par Stanislas Rakotonirina, nationaliste modéré et catholique. La province de Majunga accorde sa confiance à Philibert Tsiranana, président du PSD et du Conseil du gouvernement qui compte en outre cinq ministres côtiers[2]. Enfin, si deux provinces – Tamatave et Diégo-Suarez aux majorités progressistes – appellent à l'unité, les quatre autres préconisent un renforcement des libertés provinciales[3]. Paradoxe amusant : l'irruption du clergé catholique sur la scène politique à l'occasion des élections municipales et provinciales semble aux antipodes des principes réaffirmés dans un communiqué des évêques réunis en conférence plénière à Tananarive en janvier 1954 :

---

1. Spacensky A., « Regards sur l'évolution politique, 1945-1966 », *op.cit.*

2. ACSSp.2M1-10[10], Madagascar, *Documentation*, période de 1951 à 1960, Évolution de la situation politique.

3. *Ibid.*

> « L'Église n'est pas une puissance politique chargée de promouvoir une forme de gouvernement ou de déclarer si un peuple est capable ou non de se gouverner lui-même ».

Le missionnaire, invité donc à s'abstenir de toute activité politique, ambitionne cependant d'y renforcer l'influence chrétienne, ce qui pousse beaucoup de prêtres à s'engager aux côtés des nationalistes modérés. Quant à l'influence tant redoutée des communistes soutenus par une partie des protestants et partisans convaincus de l'unification de l'île, elle est plutôt modeste.

Les élections ont ainsi constitué des opportunités politiques pour les chefs de mission de donner des directives claires qui ne laissent guère d'initiatives aux fidèles. En 1955, tout en affirmant que l'Église ne doit pas présenter de candidats ou désigner parmi ces derniers celui qu'elle parraine, les chefs de mission introduisent dans leur communiqué des nuances qui en révèlent toute l'ambiguïté :

> « 1. Tous les chrétiens ont le devoir grave de voter ; s'abstenir, c'est refuser pratiquement de prendre ses responsabilités civiques et c'est favoriser l'élection de candidats moins désirables.
>
> 2. Ils ont le devoir de voter pour le candidat que leur conscience croit le plus apte à procurer le bien-être matériel de la population, le plus attentif à sauvegarder les principes de la morale publique, le plus respectueux des droits de la personne humaine et de la famille ainsi que des libertés religieuses »[4].

Les candidats jugés indésirables sont toujours les communistes au terme du décret du 1er juillet 1949 porté par le Saint-Office.

L'année suivante, en 1956, Mgr Lefèbvre, délégué apostolique, Mgr Sartre, archevêque de Tananarive et une quinzaine d'évêques de l'île exposent et proposent, au nom de l'Église, la conclusion de leurs réflexions collectives sur « une évolution réelle dans un climat d'entente et de collaboration[5] ». Le communiqué semble marquer un certain recul, en apparence du moins, de la position de l'épiscopat qui découvre que le processus logique vers le transfert des

---

4. ACSSp.2M1-10 [6], Madagascar, *Extraits de journaux*, période de 1951 à 1959. « Importantes directives des chefs de mission de Madagascar » à l'issue d'une réunion à Tananarive. Des extraits dans le journal *Lumière* du 29 juillet 1955, repris dans *Afrique nouvelle,* du 9 août 1955.

5. ACSSp.2M1-10 [6], Madagascar, Extraits de journaux, période de 1951 à 1960, « Un appel collectif des évêques de Madagascar pour une évolution réelle dans un climat d'entente et de collaboration », 1956.

pouvoirs pose de très sérieux problèmes – sans autre précision – et exige des efforts, du travail et de la discipline[6].

Le soulignement des difficultés que les élites malgaches ne sous-estiment pas, vient opportunément appuyer un appel des évêques incitant les fidèles à assumer sans hésiter leurs obligations sociales[7]. En octobre, les Ordinaires c'est-à-dire les autorités ecclésiastiques diocésaines s'adressent à nouveau à l'ensemble du clergé pour proposer leur éclairage de la situation avant de conclure sur une mise en garde assortie d'instructions implicites pour les élections[8]. Aux critiques contre l'Église et ses représentants ou à la diffusion des idées communistes par exemple, le clergé est invité à avancer des réponses concrètes et pertinentes qui prennent en compte l'inégale répartition des régions. Il n'a pas à relayer non plus la propagande d'un candidat ou d'une liste, mais il peut dissuader les fidèles de voter pour un candidat communiste ou anti-chrétien. Enfin, confronté aux préoccupations politiques du moment, il doit en évitant de les mésestimer chercher en retour à mieux comprendre les aspirations des fidèles pour en percer le bien-fondé[9]. On croyait pourtant ce stade largement dépassé dans la prise de conscience politique !

D'ailleurs, les instructions, directives et mises en garde trouvent rapidement leurs limites. En 1957, dans la province de Diégo-Suarez – missions d'Ambilobe et d'Ampanefena par exemple –, les chrétiens ont voté communistes en croyant voter... nationalistes ! Les pères en sont abasourdis et, en guise d'explication de cette belle confusion politique, le père Ruth se défausse encore sur les communistes qui auraient noyauté le parti nationaliste[10]. Or, la double préoccupation du Saint-Siège, qui ne doute pas de la victoire finale des jeunes nationalismes d'outre-mer sur un régime colonial déliquescent, est de pérenniser la présence de l'Église et d'empêcher la pénétration du communisme. C'est ce qu'a exprimé en 1951 l'encyclique *Evangelii praecones* déjà citée et que reprend l'encyclique *Fidei donum* du 21 avril 1957. Dans le nouvel appel adressé aux évêques le jour de Pâques, Pie XII alerte également les territoires

6. *Ibid.*

7. *Ibid.*

8. ACSSp.2M1, 10[10], Madagascar, *Documents divers*, période de 1951 à 1960. Lettre des Ordinaires à tous les prêtres, de Mgr Garou et de Mgr Ramarosandratana, octobre1956.

9. *Ibid.*

10. ACSSp.2M1-8a[2], Diégo-Suarez, *Documents divers*, « Les missions catholiques et les élections de 1957 », *Rapport du père Raymond Ruth*, mission d'Ampanefena, au sud de Vohemar, 11 mai 1957.

déjà décolonisés contre « le matérialisme athée qui a répandu en bien des contrées d'Afrique son virus de division ». Se conformant à la même ligne de défense, le père Britschu, supérieur principal de la mission de Majunga, demande au Conseil général que soient complétées et précisées les directives sur l'engagement politique des Spiritains[11]. Les trois questions à élucider transparaissent dans chacune des réponses négatives du Conseil : interdiction de tenir des réunions politiques dans les locaux des Missions, interdiction aux membres de la Congrégation de figurer dans une formation politique ou de fonder un parti politique pour contrer l'influence du communisme. De même, les pères ne peuvent intervenir que dans le cadre strict des Œuvres d'Action catholique en formant des laïcs capables de créer et de développer des partis politiques. Mais problème : Mgr Wolff, spiritain, vicaire apostolique de Diégo-Suarez et Mgr Messmer, capucin, vicaire apostolique d'Ambanja, ont déjà approuvé la formation d'un tel parti chrétien[12]. Leur initiative unilatérale pousse alors l'Assemblée des évêques à définir dès le mois suivant un cadre strict pour de tels engagements politiques. Dans un long document (larges extraits reproduits en annexe 6) transmis le 29 novembre « Aux prêtres de Madagascar », elle insiste sur leur rôle apolitique dans l'organisation temporelle de l'île. Pourtant, ce traditionnel rappel ne dispense pas le prêtre de souligner la conformité d'un programme électoral ou d'une décision politique avec l'esprit chrétien[13].

Pendant ce temps, crise de confiance et tension traversent le corps pastoral protestant français qui non plus n'entrevoit pas en 1954 une autonomie, même à moyen terme. C'est pourtant l'objectif initial périodiquement réaffirmé et en attente de réalisation concrète. En avril, une conférence réunit trente missionnaires à Tananarive. Elle analyse, outre les volets habituels – ecclésiastique, médical et social –, quelques-uns des problèmes dont l'unité en apparence simple, en fait complexe des églises malgaches ainsi que le transfert des responsabilités aux pasteurs autochtones.

La progression de la promotion en pâtit : la nomination du Rév. Joana Rakoto, doyen du district de Tananarive en 1924, n'est

---

11. ACSSp.2M1, 7b[3], Madagascar, district spiritain, *Décisions du Conseil général, 1951-1962*. Le père Supérieur principal Britschu au Conseil, Majunga 24 octobre 1957, et réponse du Conseil général, 5 novembre 1957.

12. *Ibid.*

13. ACSSp.2M1, 7b[10], Madagascar, *Archives générales, 1915-1972*, L'Assemblée des Évêques de Madagascar « aux Prêtres de Madagascar », 29 novembre 1957.

suivie qu'en 1953 de celle de Louis Andrianome, archidiacre de l'Imerina et en 1956 du sacre de Mgr Jean Marcel, premier évêque anglican malgache, mais avec l'agrément du pouvoir colonial. Or, dès la fin de la guerre, la LMS (la Mission de Londres) et la FFMA (l'Église des Amis, Quakers) estiment pourtant les communautés de l'Imerina capables de s'assumer elles-mêmes. En 1946 les premiers Malgaches prennent ainsi la relève des missionnaires: Titus Rasendrahasina dans le district d'Ambohimanga et, en 1948, Ravelomanana dans le district de Miarinarivo de la MPF (la Mission protestante française) et Daniel Rately dans celui de Vatomandry. En 1954, la LMS franchit le pas en octroyant l'autonomie complète aux temples des hauts-plateaux. Enfin, si l'évolution est plutôt contrastée d'une région à l'autre, le syncrétisme, les traditions non chrétiennes persistent partout, sur les hauts-plateaux du centre comme sur les côtes et en dehors des grandes villes où les manifestations sont beaucoup plus ouvertes. D'ailleurs, le développement des villes et son corollaire l'exode rural ajoutent aux craintes que beaucoup de fidèles y perdent leur foi[14]. Dans la seule ville de Tananarive par exemple, l'implantation de 65 temples n'a pas occulté l'omniprésence des traditions et beaucoup de fidèles n'ont pas changé de vie[15]. C'est qu'ici comme en Afrique noire, les pratiques syncrétiques attirent plus d'un chrétien, catholique ou protestant, qui consulte parallèlement les devins-guérisseurs et offre quelques sacrifices aux ancêtres. Pour le Malgache ou l'Africain, l'un n'exclut pas nécessairement l'autre. Beaucoup d'Africains assistent ainsi à la messe du dimanche matin et participent l'après-midi ou le soir aux cérémonies en l'honneur des ancêtres, car du christianisme, religion importée et adoptée, comme de la religion traditionnelle, les autochtones en attendent surtout avantages divers et protections.

D'autre part, le pasteur Edmond de Billy, envoyé sur la côte-Est de l'île en 1950 pour soutenir les églises éprouvées par l'insurrection de 1947, en inspecte 200 sur les 325 installées dans les districts missionnaires de Tananarive et de Vatomandry[16]. Outre la charge

---

14. La situation des jeunes y est décrite comme particulièrement déplorable et, selon le père Marcheynard, le parti communiste y recrute ses adhérents (ACSSp.2M1-7b[4], Madagascar, District spiritain, *Relations annuelles, 1951-1961*, diocèses de Diégo-Suarez et Majunga, rapport du père Marcheynard, Majunga 10 février 1961).

15. Benoît J. (de), pasteur, Madagascar, « Conférence des missionnaires protestants à Tananarive du 6 au 15 avril 1954 », Rapport d'activité dans *JME*, avril 1954.

16. Billy E. de, pasteur, « Ampleur et urgence de l'œuvre missionnaire à Madagascar », *JME*, 1950.

habituelle et désormais récurrente contre les féticheurs et autres devins-guérisseurs favorisés, selon lui, par la législation sur les cultes, de Billy déplore surtout que les cérémonies traditionnelles échappent aux restrictions imposées aux Églises chrétiennes. Son constat des difficultés vaut également pour d'autres districts. Tout aussi regrettable lui paraît le manque de respect aux autres qui inspire une grande défiance entre Européens et Malgaches – comportements blâmables des premiers et rancœurs des seconds – ou encore une méfiance traditionnelle entre Malgaches entretenue par des rivalités régionales et de classes. En avril 1956, les problèmes sociaux liés à l'évolution de l'île se retrouvent au cœur des discussions ouvertes par la Conférence missionnaire et le synode général des Églises rattachées à la Mission protestante française (MPF) qui préconisent simplement d'améliorer les équipements[17]. Mais dans les églises du nord, champ d'action particulier de la MPF en concurrence directe avec les Spiritains, il s'agit en revanche de concilier une double exigence : accroître l'effectif de pasteurs tout en perfectionnant la formation théologique. Les enquêteurs qui soulignent, en 1957 encore, le manque d'une solide culture générale et la rareté d'une littérature théologique malgache recommandent en effet de relever le niveau des études et d'en prolonger la durée dans les collèges théologiques[18].

De telles recommandations s'inscrivent évidemment dans la lutte générale contre le paganisme au moment où les missionnaires protestants comme catholiques assistent, déconcertés, au renouveau des traditions ancestrales et à leurs manifestations dans la sphère publique notamment. C'est ainsi que le 17 janvier 1957, l'inauguration d'une École d'administration à Mahazengy (village de Fianarantsoa), sous la présidence du haut-commissaire André Soucadaux et dans le respect de la coutume, a soulevé indignation et consternation. Elle est précédée, il est vrai, du sacrifice d'un bœuf et d'aspersions de sang destinées à éloigner les fantômes qui seraient tentés de hanter ces lieux ! Dans un article du journal des Missions évangéliques (JME) daté de février-mars, un missionnaire dénonce ce prin-

17. Ledoux Marc-André, pasteur, « Madagascar. L'Église face aux questions sociales », dans *JME*, avril 1956.

18. « Les Églises de Madagascar sont, précisent-ils, des Églises multidinistes dont les membres sont pourvus d'une foi sincère mais peu instruits des vérités de l'Évangile. L'Enseignement théologique et la recherche théologique dans son ensemble doivent considérer comme une de leurs tâches essentielles de contribuer à en faire des Églises confessantes ». Rennes Jean, « Églises et pasteurs à Madagascar », dans *Le Monde non chrétien*, 2e série, p. 207-217, juillet 1957.

cipe intangible du respect de la coutume et rappelle à l'administration qui avance l'aspect folklorique de la cérémonie, qu'elle est laïque et constitutionnellement neutre sur le plan religieux. Il relève également que le fait de patronner une telle cérémonie, quel qu'en soit le prétexte, est une aberration dans une ville comme Fianarantsoa en majorité chrétienne. Et pour bien marquer des limites à l'inculturation, l'auteur reprend le commentaire désapprobateur d'un journal politique malgache (sans autre précision) cité à l'appui :

> « Personne ne peut nier que, parmi les pratiques anciennes qui avaient forgé l'âme du peuple, il y en a qui se trouvent aujourd'hui condamnées par le seul fait qu'elles ne sont plus en harmonie avec le temps ou bien sont en contradiction avec les principes de la religion chrétienne... Pousser la réflexion un peu plus loin, l'on arriverait à la conclusion que le Malgache se devrait de se dépouiller de ses accoutrements modernes, chaussures, complets, pour revenir tout bonnement au salaka (pagne) pour rester vraiment malgache... »[19].

Sous la Ière République : continuation de la relève des missionnaires mais dans un enthousiasme modéré, 1958-1960-1962

Retour du général de Gaulle et nouvelle conception des rapports avec l'Union française

Le processus de décolonisation piloté avec plus ou moins de bonne volonté depuis la mise en application de la Constitution de 1946, atteint son terme. Au lendemain des secousses de 1947 et malgré l'aspiration à l'indépendance tant chez les modérés désormais les plus influents dans l'île que chez les progressistes, la loi-cadre Defferre et son application (1956-1957) n'en ont guère tenu compte. La République doit rester « une et indivisible », ce qui exclut toute indépendance. Or, tandis que Madagascar enregistre le retour de certains des chefs nationalistes sur la scène politique, en Afrique occidentale, le congrès du Rassemblement démocratique africain (RDA) se réunit à Bamako au Soudan français (aujourd'hui le Mali) le 30 septembre 1957 et demande à la France la révision

19. ACSSp.2M1-10[10], Madagascar, « Documentation, période de 1951 à 1960 », Traditions et croyances malgaches. Extrait d'un article du *Journal des Missions évangéliques*, février-mars 1957.

des rapports institutionnels pour installer une véritable communauté franco-africaine. Sept mois plus tôt, en mars, la célébration de l'indépendance du Ghana, ex-colonie britannique, est un signal puissant et encourageant. Le 26 avril 1958 à Dakar, les archevêques de l'Afrique française rappellent dans une déclaration commune la volonté d'indépendance des populations exprimée trois ans auparavant et souhaitent que les prochaines réformes en tiennent compte. Enfin, depuis la crise de Suez en 1956, le retour à la Guerre froide menace de s'étendre au continent africain à la faveur des conflits de décolonisation. C'est dans ce contexte que le général de Gaulle retrouve le pouvoir le 1er juin comme président du Conseil de la IVe République et présente un projet de Constitution de la Cinquième intégrant une réforme de l'Union française.

L'engagement dans une nouvelle guerre coloniale étant inconsidéré, il opte pour le transfert de souveraineté à ces territoires mais inséré dans le cadre d'une coopération entre eux et la France. Tous les citoyens de l'Union française sont consultés. Les résultats se soldent partout, sauf en Guinée, par d'écrasantes majorités en faveur du « oui » au référendum constitutionnel c'est-à-dire au nouveau régime dit de la Communauté. Un tel score est attendu car préalablement et minutieusement préparé par une tournée triomphale du général de Gaulle en Afrique noire et à Madagascar, du 20 au 28 août. À Brazzaville, il proclame le droit à l'indépendance des territoires d'outre-mer; au stade de Mahamasina de Tananarive le 22 août, il termine son discours par cette promesse aux Malgaches :

> « Demain, vous serez de nouveau un État, comme vous l'étiez quand le Palais de vos Rois était habité, mais vous serez des hommes qui, en toute indépendance, se seront unis à d'autres hommes pour le meilleur et pour le pire ».

En 1944, le contenu de son discours de Brazzaville qui se veut rassurant reste plutôt vague, alors que de Gaulle a déjà intériorisé depuis quelque deux ou trois ans l'idée même d'indépendance des colonies françaises. En 1958, le contexte politique ayant changé en raison de la guerre d'Algérie, il offre donc l'autonomie dans la Communauté, le choix entre association et sécession. Dans l'île, le projet est loin de faire l'unanimité, tant dans les milieux catholiques que protestants. Au sein de l'AKFM dirigé par le pasteur Richard Andriamanjato, certains nationalistes protestants se déclarent pour le « oui ». Face à la hiérarchie catholique appuyée par Mgr Rolland, évêque d'Antsirabe et par les jésuites favorables au « oui », s'oppose une majorité de Tananariviens encouragés par le Père Boué et l'Union des Indépendants de la capitale partisans du « non ». Les missionnaires n'ont donné aux fidèles ni directives ni conseils pratiques: « C'est à vous de peser les raisons qui incitent à répondre de telle ou telle manière », leur déclare Mgr Sartre qui précise néanmoins « Tout ce que nous vous demandons, c'est de prendre votre décision devant Dieu et suivant votre conscience, de prendre vos responsabilités dans le domaine temporel qui est votre domaine propre... L'Église vous traite en adultes[20] ». Finalement, le « oui » l'emporte au référendum du 28 septembre avec 78% des voix, mais la province de Tananarive s'est bien prononcée pour le « non ». La Constitution de la Ve République est alors promulguée le 4 octobre. Le 14, un congrès réunissant les six Assemblées provinciales publie une Constitution provisoire et proclame la République malgache, membre de la Communauté[21], entraînant de fait la caducité de la loi d'annexion de 1896. En décembre, nouvelle lettre de l'épiscopat adressée aux fidèles sous le titre « Madagascar face à son avenir ». Le document centré sur deux grandes idées invite d'abord les Malgaches à demeurer fidèles aux valeurs humaines et chrétiennes, condition essentielle pour « réaliser leur idéal d'équilibre et de mesure en un véritable humanisme chrétien ». Il insiste ensuite sur le « Rôle du magistère de l'Église » qui englobe aussi bien l'État, l'unité nationale que la famille, l'éducation ou encore les sociétés intermédiaires et le travail. L'épiscopat estime de son devoir de se prononcer, par exemple, sur toutes les questions qui engagent la destinée spirituelle individuelle ou collective. Il reprend le thème du travail qu'il conclut par un appel à l'effort de tous, à la solidarité nationale et surtout à un partage équitable des revenus[22]. Les événements alors se précipitent, s'enchaînent: le 29 avril 1959, adoption d'une Constitution définitive et le 1er mai, élection par le parlement pour sept ans, du président Tsiranana qui devient Premier président de la Ière République malgache. Quelques semaines plus tard, de Gaulle, Premier président de la Ve République officiellement en fonction depuis janvier, retourne à Tananarive pour présider une réunion du Conseil exécutif de la Communauté, en présence des

---

20. ACSSp.2M1-10⁶, Madagascar, « Extraits de journaux 1951-1959 », Déclaration de Mgr Victor Sartre, archevêque de Tananarive, lors du référendum, dans *La Croix* du 17 septembre 1958.

21. *Ibid*, « Les Missions catholiques et le nationalisme », *La Croix* du 15 octobre 1958. À noter que le congrès de Tamatave qui a réuni les représentants de dix partis malgaches, sauf le PSD du vice-président Tsiranana, s'est prononcé pour l'unité des nationalistes et pour une République unitaire et démocratique.

22. *Ibid*, Lettre pastorale commune: « Madagascar face à son avenir » dans *La Croix*, 13 décembre 1958.

dirigeants des onze États africains. Le 8 juillet, au même stade de Mahamasina, il défend l'originalité de la Communauté dont les membres s'engagent sur trois objectifs principaux: développement économique et accession des populations au progrès; défense de la liberté et maintien de la sécurité dans un monde instable. Mais c'est aussi au cours de cette session que certains chefs de gouvernement africains ont souhaité aller encore plus loin. Satisfaction leur est donnée après une révision de la Constitution par la loi du 4 juin 1960 aménageant une nouvelle organisation dite Communauté rénovée qui ne relève plus de la Constitution française. Deux jours plus tard, Houphouët-Boigny (Côte d'Ivoire) donne le coup de grâce: il choisit l'indépendance totale et rejette la Communauté. Dès lors, s'organise le transfert des compétences mais dans le cadre des frontières coloniales. La Grande Île fait toutefois exception: ayant réalisé son unité avant la colonisation, elle ne fait que recouvrer, le 26 juin 1960, son indépendance et sa souveraineté. En septembre, elle entre aux Nations Unies; le mois suivant, elle sollicite d'être associée au Marché commun et s'aligne ainsi dans le camp occidental, du moins sous la présidence de Tsiranana. Les Églises chrétiennes s'érigent à leur tour en institutions garantes de la légitimité de l'autorité politique nouvellement établie.

Finalement la stratégie adoptée d'ouverture et de désengagement politique sur le modèle britannique a été payante, car son succès a permis à la France de tisser de très étroites relations maintenues au fil des années avec les jeunes Républiques indépendantes. En décembre 1958, la suppression du ministère de la France d'outre-mer (FOM) est suivie en 1961 de la transformation symbolique du secrétariat d'État à la Communauté en ministère de la Coopération. La même année, le pape Jean XXIII installe à Tananarive la délégation apostolique érigée en nonciature en 1967, avec Mgr Felix Pirozzi comme titulaire puis ambassadeur accrédité le 8 février. Le 1er avril à Rome, le pape Paul VI reçoit à son tour Jules Ravony, premier ambassadeur de la République malgache auprès du Vatican.

Entre-temps, les élections législatives de septembre 1960 consacrent dans l'île le triomphe des partis gouvernementaux, notamment du Parti social démocrate (PSD) du président Philibert Tsiranana, très populaire. À l'instar d'autres pays d'Afrique noire, les accords de Coopération noués avec la France reconduisent et préservent les liens de dépendance économique. Madagascar ne contrôle aucun des domaines essentiels comme la culture, l'économie ou l'armée; la base militaire et navale française d'Antsirane (Diégo-Suarez) est par exemple maintenue. Cependant, la relève des cadres administratifs, amorcée timidement au lendemain de la guerre, s'est accélérée depuis la loi-cadre (1956-1957). Les fonctionnaires malgaches contrôlent tous les postes administratifs et en 1960, un quart des districts[23]. Tous les chefs de Province sont malgaches, note le père Marcheynard, et dans les deux diocèses de Majunga et de Diégo-Suarez, seulement trois des vingt et un districts sont encore dirigés par des administrateurs métropolitains[24]. Les relations humaines bénéficient de cette embellie: les missionnaires enregistrent beaucoup moins d'incidents qu'avec l'ancien pouvoir colonial, et apprécient le comportement déférent des administrateurs malgaches envers eux[25]. Ces dirigeants malgaches sont en outre chrétiens, sortis en majorité de leurs établissements et beaucoup de catholiques sont membres du parti gouvernemental PSD. Du côté des protestants, les relations avec l'Église malgache sont également cordiales et non dénuées de profonde gratitude, remarque le pasteur Greiner qui observe néanmoins une fâcheuse tendance chez ses collègues étrangers à se saisir de maintes circonstances pour intervenir dans l'Église locale[26]. C'est sans doute l'un des effets inévitables de l'application de la convention de l'Alliance nationale des Églises luthériennes françaises – ANELF – conclue avec l'Église luthérienne malgache. Elle prévoit l'envoi de délégués français – au nombre de cinq en 1971, non compris les coopérants – qui seraient placés sous l'autorité directe et plénière de l'Église locale. En fait, les Églises chrétiennes ne peuvent s'empêcher de suivre le fonctionnement des institutions de la période post-missionnaire alors qu'est désormais inappropriée la justification du terme même de missionnaire. Ainsi à Madagascar comme dans d'autres territoires indépendants d'Afrique noire, la minorité de gens cultivés qui a longtemps combattu et dénoncé la puissance coloniale, lui succède aux importantes responsabilités, sans rapport non plus avec son poids numérique dans la société. Mais la relève ne comporte pas que des honneurs et avantages y afférents. Elle impose surtout l'exigence de solutions efficaces aux problèmes économiques et sociaux, la plupart des quelque cinq millions de Malgaches ne disposant que d'un revenu annuel d'environ 20000 à 30000 FCFA[27]. Pendant ce

23. Massiot M., *op.cit.*, p.434-435.

24. ACSSp.2M1-7b[4], Madagascar. District spiritain. Année 1960: diocèses de Majunga et Diégo-Suarez, Majunga, *Rapport du 10 février 1961*. En décembre 1958, le diocèse de Majunga a été rattaché à l'archidiocèse de Diégo-Suarez.

25. *Ibid.*

26. Greiner Albert, pasteur, « Madagascar, L'Église luthérienne malgache », rapport dans *JME*, 1972.

27. Rabarison Vincent-de-Paul, jésuite malgache, « Où va Madagascar? » dans *Les Missions catholiques*, numéro spécial, nouvelle série, n° 79-80, décembre 1960.

temps, les doléances de la jeunesse aux prises avec la misère et le chômage expriment de plus en plus un désir de renouveau :

> « Moins de sermons, plus de réalisations... C'est le temps des laïcs... Place aux jeunes dans les conseils d'Église... Réorganisation de l'enseignement protestant[28] ».

Résoudre ces difficultés complexes tient du défi que le président Tsiranana affaibli par la maladie n'a pas pu ou su relever au cours de son second septennat qui connaît pourtant une remarquable croissance économique. C'est même dans un climat général de confiance et de stabilité politique que se déroule en juin 1970 la célébration du dixième anniversaire de l'indépendance, suivie des élections de députés et de conseillers généraux les 6 et 12 septembre. Mais deux ans plus tard, face à l'impéritie du régime, des manifestations populaires contraignent Tsiranana à quitter le pouvoir, mettant un terme à l'expérience de la Ière République. L'impact est global et durable. Car, selon l'épiscopat, « les aspirations de tous à plus de dialogue et de participation, la prise de conscience par beaucoup de leurs responsabilités dans leurs milieux de vie, ont déjà changé quelque peu le visage de l'Église »[29]. Les missionnaires catholiques forcés de s'adapter à l'évolution politique en cours ont ainsi fait en grande majorité le choix avisé de figurer parmi les plus actifs partisans de la relève et du renouveau. Leurs prises de position successives qui ont donné d'abord la mesure du chemin et des efforts accomplis, proposent aussi un éclairage utile sur les inquiétudes et la méfiance du chef de l'État. D'autant que sont mal perçus par le régime le développement de la Confédération chrétienne des syndicats malgaches – CCSM – détachée de sa Centrale métropolitaine CFTC, et surtout l'action sociale réalisée en binôme par Rabarison et de Puybaudet, jésuites malgache et français. Le père de Puybaudet en fait d'ailleurs les frais : expulsé en janvier 1962, il va poursuivre son apostolat à la Réunion. Quant aux relations avec les protestants, ceux de la capitale en particulier, elles ne sont guère plus sereines en raison de leur grande proximité avec l'opposition.

28. JME, janvier 1969 : « Quelques problèmes de L'Église de Jésus-Christ à Madagascar, 1968-1969 », commémoration du 150e anniversaire de l'évangélisation protestante de l'île, au stade de Tananarive.

29. ACSSp.2M1-7b10, Madagascar, « Lettre pastorale de la Conférence épiscopale » sur *L'Église et le développement à Madagascar*, 26 mars 1972.

Extinction de la profession de missionnaire

Les protestants malgaches semblent les plus impatients à prendre rapidement la relève. Dès 1958, la direction de l'Église évangélique, désormais autonome vis-à-vis de la Société des Missions, est confiée aux pasteurs Jean-Baptiste Ralambomahy et, à sa mort en 1963, à Victor Rakotoarimanana, élu l'année suivante. En 1967, les trois Églises protestantes se regroupent en une Église unie inaugurée en 1968 sous le nom d'Église unie de Madagascar.

En face, les catholiques cultivent une franche différence, forts de leur triple unité – culte, doctrine, organisation centralisée – et des précieux soutiens extérieurs en personnel et en subventions. Tout concourt à donner à leur action multiforme dynamisme et efficacité. En 1958, l'île compte 12 évêchés et 1 préfecture apostolique qui dépend de l'archevêché de Tananarive. L'année suivante, Rome accorde le rituel bilingue latin-malgache et latin-français ainsi que les lectures des textes du missel en malgache. La question des coutumes semble en outre résolue à la lumière des déclarations des souverains pontifes Pie XII (1939-1958) et Jean XXIII (1958-1963) qui prennent mieux en compte les cultures non européennes, en l'occurrence celles des peuples colonisés. Dès sa première encyclique *Summi Pontificatus* du 20 octobre 1939, à quelques jours de la fête du Christ-Roi, Pie XII a estimé que tout ce que ces us et coutumes comportent d'acceptable doit être encouragé et protégé. Vingt ans plus tard, le 28 novembre 1959, Jean XXIII reprend les mêmes thèmes culturels dans l'encyclique *Princeps pastorum* sur les missions, le clergé autochtone et la participation des laïques. C'est aussi l'occasion de rappeler avec insistance l'universalité de l'Église catholique pour récuser ensuite toute identification même à la civilisation européenne[30]. Une mise au point qui concilie l'opportunité politique du moment et l'espoir d'une expansion continue de l'Église. L'année suivante, celle de l'indépendance, le développement logique du clergé malgache aboutit à la promotion épiscopale de Mgr Jérôme Rakotomalala, premier archevêque de Tananarive et des pères François-Xavier Rajaonarivo, évêque de Miarinarivo et Gilbert Ramanantoanina, d'abord évêque auxiliaire, puis archevêque de Fianarantsoa en 1962. La célébration du centenaire de l'Église catholique (1861-1961) offre aux missionnaires l'occa-

30. Recevant en audience les membres du IIe Congrès mondial des écrivains et artistes noirs, Jean XXIII leur déclare en mars 1959 que l'Église ne s'identifie à aucune culture en particulier, mais qu'elle favorise toutes les vraies valeurs de la pensée humaine, sa mission étant essentiellement le salut spirituel de l'homme.

sion de valoriser leur bilan par de nouvelles nominations de titulaires nationaux dont la progression normale doit assurer par la suite un changement de majorité. Deux autres Malgaches sont ainsi intronisés en 1964: Mgr Albert Tsiahoana, premier évêque de l'ethnie betsimisaraka, nommé auxiliaire de l'archidiocèse de Diégo-Suarez, et Mgr Albert Ratsimamotoana, évêque de Morondava. À la fin du premier septennat du président Philibert Tsiranana en 1965, l'île passe à 15 diocèses répartis en trois archevêchés – Tananarive, Diégo-Suarez, Fianarantsoa –. Deux sont confiés aux Malgaches et le troisième, Diégo-Suarez en 1967. Cette évolution introduit néanmoins des clivages dans la pastorale et inspire quelques incompréhensions entre missionnaires et hiérarchie malgache. D'autre part, en publiant la liste des Églises qui bénéficient du statut juridique, l'ordonnance législative de 1962 relative au régime des cultes entraîne l'abrogation de la législation en vigueur à l'époque coloniale[31].

Enfin, dans l'attente de la réunion du second concile annoncée en janvier 1959, le pape Jean XXIII sort opportunément une nouvelle encyclique *Mater et Magistra* en mai 1961 sur l'évolution contemporaine de la vie sociale. Les chrétiens sont invités à résoudre les nouveaux défis que constitue l'aggravation des inégalités sociales de leurs jeunes nations. Dans ce contexte de bouleversement des structures ecclésiales, les débuts du concile Vatican II (1962-1965) sont animés par la volonté des prélats d'Afrique et d'Amérique latine d'affirmer fortement la personnalité des communautés qu'ils représentent. Attentive au délicat problème de la relève des missionnaires et face au recul des Églises occidentales, l'aggiornamento de l'Église catholique explique sans doute la nouvelle répartition plus équilibrée dans l'administration vaticane étendue par exemple au clergé africain.

---

31. ACSSp.2M1, 11b^3, Madagascar, *Bulletin du diocèse de Diégo-Suarez*. Ordonnance n° 62-117 relative au régime des cultes, du 1er octobre 1962.

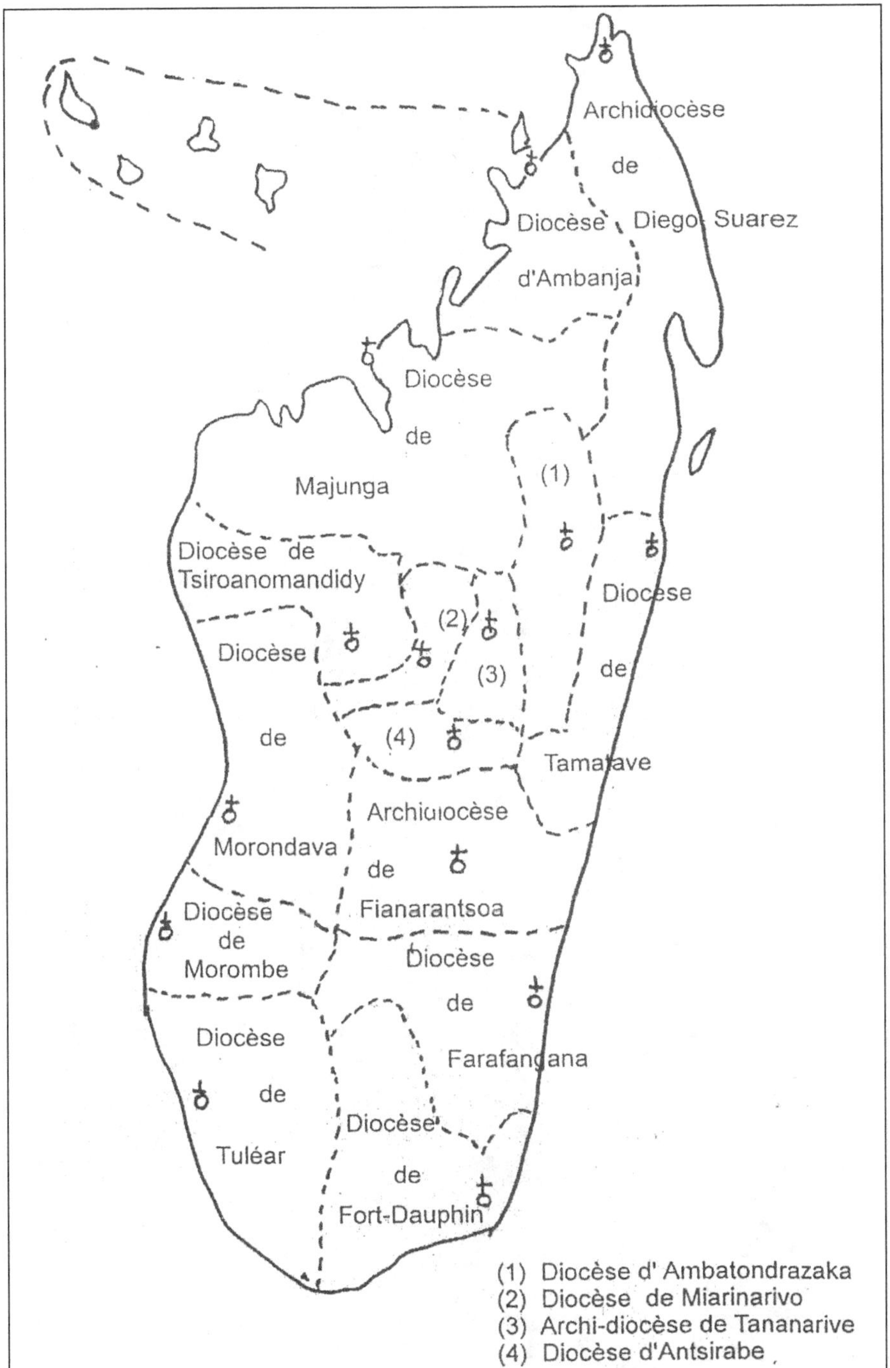

Source : ACSSp.2M1-10[8], 1966.

Carte 3. *État actuel des diocèses de Madagascar.*

Scène de la moisson du riz. Source : Madagascar. Archives nationales, Section Outre-mer.

Conclusion

La double origine africaine et malaisienne de son peuplement ainsi qu'une remarquable unité linguistique donnent à la Grande Île son incontestable originalité qui la distingue de l'Afrique noire. Ce qui a contraint les différents instituts missionnaires à adapter les méthodes d'apostolat au milieu et aux circonstances. Par la traduction dans la langue, son étude comme celle des croyances et des coutumes, par leur cohérence avec la vision malgache du monde, s'est enclenché un processus d'appropriation du message chrétien par les fidèles. Cette originalité a influencé d'autant mieux l'apostolat que les missionnaires ont dû recourir à leurs services pour la bonne marche de la communauté. Aussi, le large partenariat associant missionnaires et administration coloniale – pour les ouvertures d'écoles ou les œuvres de bienfaisance – en a parfois pâti. Relégués dans l'entre-deux-guerres au rôle délicat de témoins plus ou moins passifs, ils deviennent, à partir de 1950 surtout, des acteurs de plus en plus engagés au côté du mouvement national en marche vers l'indépendance. Le paradoxe n'est pas nouveau : en contribuant à la formation d'une bonne partie des élites appelées à accéder aux leviers du pouvoir, les missionnaires européens ont aidé précisément au façonnement ou au développement d'une identité collective de résistance à la colonisation. Sans doute, la pression des Malgaches eux-mêmes a constitué le facteur dominant de cette évolution dont le succès s'explique par l'ouverture que le français assure vers la civilisation occidentale et les débouchés dans les carrières nouvelles. Parallèlement, les Malgaches ont su préserver des éléments de leurs propres pilotis culturels et historiques.

Dès la fin des années 1920 s'amorce pourtant une évolution qui progressivement s'accélère sous la pression de celle de la situation politique en Asie. Si la lutte contre la superstition, la magie, bref, le paganisme est permanente, poussant même les catholiques à entretenir la confusion entre mission chrétienne et civilisation occidentale, elle repose en priorité sur la formation des élites malgaches suivant un rythme toutefois moins paresseux que celui que le pouvoir réserve à son personnel, et sur la découverte des vocations. Les premières générations de prêtres achèvent d'ailleurs leur instruction inspirée du modèle français (étude du latin et obligation du célibat), tandis que chez les protestants majoritaires dans les villes, prévaut depuis la conférence missionnaire d'Edimbourg de 1910 le principe d'une évangélisation à assumer entièrement par les Malgaches dans leur propre langue. Mais à cette tâche principale s'en ajoute une autre urgente, complexe: aider et encourager les fidèles à résister aux idéologies nouvelles telles que le communisme athée. Et cette dernière préoccupation, ils la partagent avec l'administration dont ils dénoncent par ailleurs les abus pour coller aux aspirations nationales des intellectuels.

En effet, à la faveur de la Première Guerre mondiale, s'est déjà manifestée en 1915 une première prise de conscience avec la découverte de l'affaire dite de la société secrète VVS (Vy, Vato, Sakelika, fer, pierre, ramification) qui a caressé le projet d'une grande ambition culturelle. En 1929, nouvelle manifestation, plus politique, à Tananarive: une revendication visant à instaurer l'égalité des droits avec les Français tourne rapidement, pour la première fois, à celle d'indépendance soutenue par les communistes. Les missionnaires très attentifs à cette ingérence communiste s'engagent à défaut d'en détruire l'influence, du moins à en contenir l'extension au fur et à mesure du développement logique du mouvement national. Mais leur appartenance à la même nation « civilisée » et « chrétienne » que l'encadrement administratif prolonge les effets négatifs des mentalités coloniales sur les structures. En janvier 1934, un nouveau palier est franchi quand les vicaires apostoliques déclarent approuver collectivement un « légitime nationalisme » en réaction prudente mais orientée contre la campagne nationaliste animée par les communistes. Ils reconnaissent aussi pour la première fois la valeur de certaines coutumes ancestrales compatibles avec la foi chrétienne. L'exposition missionnaire de Vatican lors de l'année jubilaire 1925 qui invite à la découverte des cultures extra-européennes, a sans doute contribué dans l'île comme en métropole à amorcer cette évolution des milieux religieux et à nourrir leurs réflexions sur les questions d'ordre missionnaire et colonial. Enfin, les prises de position des vicaires apostoliques de Madagascar s'inscrivent dans la ligne définie en 1931 par Pie XI dans son encyclique *Quadragesimo anno*. En 1937, année de la célébration du centenaire des premiers martyrs protestants, ils alertent à nouveau leurs fidèles à l'occasion d'une réunion tenue en octobre à Tananarive sur les dangers du communisme. Cette dernière initiative fait encore écho à une nouvelle condamnation doctrinale de Pie XI dans l'encyclique *Divini Redemptoris* de la même année.

Pourtant, tout en évoluant dans une position peu confortable, voire contrastée entre les autochtones et l'administration, les missionnaires se sont rarement comportés comme des alliés dociles. Ils donnent ainsi au gouvernement général l'occasion d'exprimer son irritation alors qu'il se met lui-même en contradiction insupportable entre le respect de ses idéaux républicains et les effets induits de sa domination. Les missions sont ainsi soumises à une étroite surveillance sous prétexte qu'elles admettent la présence minoritaire de nationalités autres que française : italienne, belge et suisse par exemple. L'avènement du Front populaire en 1936 ranime les espoirs assimilateurs avec la reconnaissance du droit syndical et quelques réformes sociales. L'ensemble constitue plutôt un compromis pour calmer les esprits et éviter des troubles en période de difficultés économiques et politiques contre l'abandon de toute revendication d'indépendance. En réalité, les autochtones ont quelques raisons de ruminer leurs déceptions et désillllusions. D'autant qu'à la fin des années 1930, le principe de la souveraineté française est maintenu et réaffirmé, tandis que l'évangélisation reste la marque d'européanisation du Malgache converti et, par conséquent, son gage d'émancipation. On comprend que les missionnaires catholiques et protestants, au-delà de leur émulation traditionnelle, estiment la colonisation relativement positive.

La Seconde Guerre mondiale et la participation de milliers de Malgaches aux côtés de la métropole vont accélérer encore le rythme de cette évolution. La prise de conscience nationale en sort renforcée, rendant impossible tout « retour à la normale », c'est-à-dire à la situation des deux décennies précédentes. Or, dans l'esprit du général de Gaulle, le principe de l'émancipation des colonies est déjà admis. Au plan international, le colonialisme est de plus en plus condamné depuis la proclamation par la Charte de l'Atlantique en août 1941, du droit des peuples à choisir leur forme de gouvernement. Les promesses de réformes émises par la Conférence de Brazzaville de 1944 et le programme du Conseil National de la Résistance en tiennent compte sans toutefois remettre en cause la souveraineté de la France. En outre, à la politique anticolonialiste du président américain Franklin Roosevelt rejetant la collaboration du gouvernement de Vichy avec l'Allemagne se substitue celle de son successeur Harry Truman centrée prioritairement sur les questions de sécurité militaire occidentale dont le disposif intègre les puissances européennes coloniales face à l'URSS. Et cet infléchissement va laisser planer une certaine ambiguïté sur la politique de soutien des États-Unis aux nationalistes d'Afrique noire et de Madagascar. Enfin, dans le contexte brouillé du lendemain de la défaite de 1940, le blocus et l'occupation de l'île par les Britaniques, les restrictions diverses qui en résultent, les dissensions politiques entre gaullistes et pétainistes concourent à la déstabilisation de l'opinion malgache. Ces éléments ajoutent évidemment à l'inévitable écho médiatique des mouvements de libération à l'échelle planétaire. Le parti MDRM – Mouvement démocratique de la rénovation malgache – sort victorieux des élections législatives de 1946 qui marquent la naissance de la IVe République et de l'Union française. Il présente, au nom de tous les Malgaches, les revendications nationalistes et poursuit sans succès la lutte pour l'indépendance de l'île. Mais l'inadaptation de l'Union française à la réalité politique – la métropole y garde jalousement le monopole des décisions politiques – éclate brusquement lors de l'insurrection de 1947, après les émeutes de Sétif en Algérie en 1945 et les débuts de la guerre de décolonisation d'indochine en 1946. Bref! La France de la IVe République n'est pas décidée à dialoguer avec les nationalistes et s'engage dans une impasse.

La réflexion prospective sur le bouleversement géopolitique et l'exigence pressante d'une réforme radicale du système colonial sont également peu perceptibles chez la plupart des missionnaires de l'immédiat après-guerre, bien convaincus que les Malgaches manquent encore de maturité suffisante pour endosser des responsabilités importantes. Avec la révolte de 1947, le réveil est donc brutal et amer pour beaucoup qui s'inquiètent, chez les protestants notamment, du retour éventuel au paganisme. Même après la confirmation de la participation active de chrétiens à la rébellion comme celle de la présence remarquée d'un bon nombre parmi les meneurs, ils n'ont pas révisé leurs jugements. Ils passent alors de la condamnation du paganisme à une attaque véhémente contre les sorciers accusés de tous les maux et surtout de l'enrôlement des chrétiens sous la menace physique.

La nouvelle tactique se révèle cependant inefficace et d'autant plus maladroite qu'elle décrédibilise l'action de l'écrasante majorité des Malgaches, nationalistes et chrétiens qui assument leurs engagements et ne s'estiment ni irresponsables ni instrumentalisés. Les missionnaires n'ont donc le choix que de poursuivre dans le registre convenu des dénonciations/condamnations à la fois des insurgés et des situations d'abus et de répression aveugle. Recadrer leur stratégie dans un sens plus politique leur permet finalement de diluer la responsabilité des rebelles en impliquant directement la colonisation et ses effets pervers.

Parallèlement, c'est encore du côté protestant que se maintient principalement la pression sur les autorités pour obtenir l'amnistie des condamnés politiques de 1947 (lettre du Conseil des Églises protestantes au président Tsiranana en janvier 1959, par exemple).

Finalement, d'une guerre à l'autre, les élites malgaches ont cherché en vain à modifier les rapports de dépendance et d'inégalité intrinsèques à la colonisation. Elles ont réclamé d'abord l'égalité des droits de leurs compatriotes avec les citoyens français, et puis l'indépendance en réaction au refus de la métropole. Le statut de sujétion est maintenu, à peine écorné même au lendemain des tempêtes de protestations, voire des remises en question. Mais après 1945, va se dégager définitivement la voie de l'indépendance et de la dignité, sous les pressions internationales autant qu'intérieures exercées par les populations colonisées elles-mêmes, l'enjeu portant désormais sur le sort de l'empire colonial devenu Union française. À cet égard, la décennie 1950 marque celle du revirement complet dans l'approche missionnaire avec la prise de décision politique de la hiérarchie catholique de l'île, jusqu'alors soutien discret et efficace des nationalistes. Sans doute, la progression constante des mouvements de libération dans les territoires encore dominés a convaincu Rome de publier le 2 juin 1951 la lettre encyclique *Evangelii Praecones* de Pie XII. L'implantation de l'Église dans les territoires non européens, rappelle-t-elle avec insistance aux missionnaires, doit en retour s'accompagner rapidement de l'émergence et de la prééminence d'une hiérarchie ecclésiastique autochtone. Elle sort opportunément pour insuffler un rythme nouveau, plus soutenu à une décolonisation des missions en interférence avec la politique d'émancipation à marche accélérée entreprise par la métropole. Le processus de réforme alors s'amplifie dans la continuité de l'encyclique de Pie XII. En 1953, c'est aux chefs de mission de Madagascar de débloquer en partie la situation politique en reconnaissant officiellement la légitimité de l'aspiration à l'indépendance de l'île.

Leur déclaration est suivie de l'érection par Rome en septembre 1955, quatre mois après la conférence retentissante de Bandoeng (Indonésie), de la hiérarchie épiscopale qui témoigne d'une certaine désoccidentalisation de la doctrine. Tandis que Madagascar abandonne son statut de pays de mission, les structures missionnaires cèdent progressivement la place à des sièges diocésains confiés aux évêques et archevêques nationaux, un héritage du modèle féodal. Deux ans plus tard, en avril 1957, l'encyclique *Fidei Donum* confirme l'orientation nouvelle de l'Église esquissée dans le message de Noël 1955. L'intention est double: pérenniser la présence de l'Église dans le contexte de Guerre froide et protéger les territoires décolonisés du communisme athée considéré comme une menace sérieuse pour l'avenir du christianisme. Quand le Vatican accorde, à la fin de la décennie, le rituel bilingue latin-malgache et latin-français ainsi que la lecture en malgache des textes du missel, c'est une étape obligée dans sa politique d'ouverture qui préfigure les prochaines réformes conciliaires.

L'Église et les missions protestantes ont donc anticipé la décolonisation missionnaire alors qu'en métropole, l'idée même d'émancipation des populations colonisées est hors de propos. Les papes Benoît XV, dès 1919 (lettre encyclique *Maximum Illud)* et Pie XI en 1926 (lettre encyclique *Rerum Ecclesiae)* avaient recommandé la formation d'un clergé et la fondation d'Églises complètes malgaches. Si les missionnaires, sur la base de considérations empreintes généralement des préjugés de leur temps, en ont tenu compte mais sans célérité manifeste, la stratégie d'implantation d'Églises, d'ouverture d'écoles et de mise en place des politiques de santé et d'éducation a largement facilité puis consolidé leur intégration dans les milieux malgaches.

D'autre part, vingt après sa défaite de 1940, la France voit s'écrouler, en perdant ses anciens territoires coloniaux africains et malgache, un important pôle de sa géopolitique et ce changement d'échelle la contraint à modifier ses objectifs. Pour les conserver, elle a longuement résisté aux revendications en élargissant les droits des populations qui font partie de l'Union française tout en durcissant parallèlement la répression contre les nationalistes. Au lendemain des transferts de souveraineté en 1960, qui ne signifient pas réelle décolonisation, elle a certes trouvé une solution intermédiaire par le biais de la « Coopération » dans les secteurs stratégiques, moyen ingénieux et efficace de sauvegarder un semblant d'autorité directe et de préserver son influence. C'est la marque qu'elle a su imprimer sur la politique malgache du président Philibert Tsiranana durant les douze premières années de l'indépendance (1960-1972). Mais le rejet est franc et violent, déclenché par les événements de mai 1972 qui engagent l'île à expérimenter d'autres systèmes politiques, à réhabiliter certaines de ses valeurs traditionnelles que beaucoup estiment menacées. Et bien que cette indépendance soit octroyée dans une période de forte croissance économique mondiale qui a inspiré confiance et optimisme, la déception est d'autant plus profonde que sa perception et les fortes attentes sont différentes suivant les régions de l'île, sur les hauts plateaux ou sur la côte.

Enfin, les Malgaches ont assumé et pérennisé l'héritage religieux des missionnaires. Le nationalisme au sens souvent équivoque n'a pas sombré dans la xénophobie car, dans le nouvel élan impulsé par l'accession à la souveraineté, ils auraient pu abandonner le christianisme pour son caractère distinctif et étranger. D'ailleurs, d'aucuns l'appréhendent après des années d'évolution ambigüe des vues et discours des missionnaires sur les mouvements nationalistes. Au contraire, catholiques et protestants, côte à côte, vont conforter et étendre leurs influences même dans la sphère politique.

Une rue de Tsiromandidy. Source : Madagascar. Archives nationales, Section Outre-mer.

ANNEXES

Village de l’ouest sur la Betsiboka. Source : Madagascar. Archives nationales, Section Outre-mer.

DOCUMENT 1

Extrait du discours du pasteur Louis Ramarohetra de l'église d'Ambohipotsy, parlant au nom des pasteurs de la ville de Tananarive devant le gouverneur Annet, 6 juin 1941 :

« Monsieur le gouverneur général,

... Les sentiments de fidélité et de loyalisme que vos enfants malgaches nourrissent à l'égard de la France ne sont plus à démontrer. Vous les apprécierez vous-même mieux dans nos actes que dans nos discours... C'est que la France, notre mère meurtrie, nous apparaît plus belle, plus attachante que jamais. Nous l'aimons davantage car elle souffre pour ses enfants présents et à venir. Nous l'aimons davantage car ses souffrances sont les nôtres. Nous l'aimons et nous l'aimerons toujours parce que c'est... elle et parce que c'est nous ! Et cet amour nous assure que, dans un avenir proche, notre noble et chère France triomphera de ses malheurs et en sortira plus belle et plus forte que jamais. Ce qui fait surtout l'objet de notre admiration et ce qui nous réconforte le plus, c'est la personne et l'œuvre de ce grand Français, de ce noble et vénéré patriarche qu'est le maréchal Pétain qui, malgré ses 85 ans, n'a pas craint de se donner corps et âme à sa patrie endolorie. Éloignés de corps de ce Ray-Aman-dreny, mais aussi près de lui de cœur et d'esprit que nos frères métropolitains, nous sommes résolus à faire bloc corps et âme, nous aussi, autour de notre Maréchal et de son gouvernement. Comme Français et comme chrétiens, nous vous donnons l'assurance, Monsieur le gouverneur général, que vos administrés malgaches en général et la population protestante en particulier sont indissolublement acquis à la cause de la révolution nationale. Et puisque le programme de redressement arrêté par le maréchal Pétain comporte une large part des "valeurs spirituelles", pour employer vos propres expressions, nous sommes fiers d'y trouver la réalisation de nos vœux de tous temps, à savoir que la Nation a, tout comme l'Homme, son âme, et toute œuvre durable et salutaire ne peut pas se passer du facteur "valeurs spirituelles". Aussi soyez assuré, Monsieur le gouverneur général, que le Maréchal Pétain trouvera et que vous trouverez vous-même en nous des serviteurs sincères et dévoués, car enfin, nous voyons encore en ce programme l'inspiration du Maître Suprême de l'Univers, Maître à qui nous avons voué notre vie.

Monsieur le gouverneur général,

Avant de terminer, nous tenons à vous affirmer que sous la direction éclairée de notre honorable président du comité intermissionnaire, M. le pasteur Peyrot, nous serons toujours et en tout derrière vous, derrière le flambeau de la France immortelle que le Maréchal Pétain tient en ses mains fermes et vénérées. Nous penserons toujours et nous agirons toujours en bons Français résolus à mépriser et à repousser toute manœuvre, toute intrigue qui puisse attiédir nos sentiments d'enfants fidèles à la France ».

Louis Ramarohetra, pasteur de l'Église protestante d'Ambohipotsy, 6 juin 1941

Source : *Journal des Missions Évangéliques* – JME – rapport du pasteur Ochsner de Coninck. 1941.

DOCUMENT 2

Madagascar dans la tempête 1947 : les événements au jour le jour, du 20 mars au 14 avril 1947 à Vohipeno

Jeudi 20 mars 1947

On apprend officieusement l'annonce d'une révolution générale dans l'île de Madagascar pour le 29 mars. L'ordre est donné de prendre des mesures. Le lendemain, vendredi saint, après le chemin de la croix, le père Garric reçoit quelques grenades à la dynamite et quelques hommes de Padesm (partisans français) avec un chef de poste (pour la garde de nuit). La résidence organise mieux la défense. Tous les gardes armés, beaucoup de Padesm, tous les fonctionnaires fidèles veillent jour et nuit et huit nuits durant.

Du vendredi 21 au vendredi 28 mars

Tous les soirs, les équipes avec leur chef de poste se rendent à leur poste respectif : chez le père, chez les sœurs et à la résidence. Toute la semaine, rien à signaler.

Dimanche des Rameaux 30 mars

La révolte a commencé à Manakara, dimanche matin à 3 heures, du côté de Tanambao. Les rebelles ont surpris les gardes malgaches dans la nuit, en ont tué quatre et pris des fusils (avec heureusement des cartouches de marque différente). À Tanambao, pendant ce temps, sauve-qui-peut général. Tous les Européens de Manakara, armés arrivent au secours de ceux de Tanambao. C'est une fusillade de plusieurs heures, mais, enfin, les ennemis sont mis en déroute.

L'arrivée de l'avion dans la journée, amenant un renfort de troupes, mit en fuite ceux qui ne furent pas tués ou faits prisonniers. Mais avant de quitter Tanambao, les pillards volèrent et brûlèrent toutes les maisons et boutiques, sauf celles des chinois...[1]

Heureusement pour les Européens de Manakara que la passerelle n'existe plus depuis les grandes eaux, elle aurait servi aux ennemis ainsi que les pirogues qu'on avait eu soin d'immerger.

En apprenant cela, à Vohipeno, consternation générale. Quel sera notre sort? Vont-ils commencer ici? Quand et comment?... La nouvelle a couru comme une trainée de poudre... Nous apprenons qu'en trois endroits différents, des centaines de Malgaches sont réunis en conciliabules... Nos quelques Padesm d'Ambohimanarivo disparaissent comme par enchantement. Tout Ambohimanarivo est MDRM, à part un tout petit nombre.

Quant aux hommes de Vatomasina, ils se dirigent petit à petit vers Ambany, c'est-à-dire vont rejoindre leur regroupement. Des bruits sinistres circulent.

Toujours le dimanche des Rameaux – 30 mars –, à 5 h 30 du soir, le père Garric a été forcé de se rendre à la résidence pour sa sécurité. Il y est resté les deux jours et deux nuits les plus durs. Quant à nous, on nous a dit qu'il valait bien mieux rester chez nous... Beaucoup de femmes et d'enfants de Vatomasina viennent se réfugier chez nous. Après le souper, les sœurs se réunissent à la chambre, les quelques internes au parloir, des femmes avec leurs bébés dans notre bureau. Plusieurs classes sont remplies de femmes et d'enfants. Mais à 7 heures du soir, tout à coup la cloche s'ébranle, signal convenu en cas d'attaque. Les hommes viennent d'entendre les « fahavalos », en rangs serrés, marchant au pas à l'Est de notre maison, dans le chemin d'Ambato. Plusieurs grenades sont lancées, suivies de deux coups de fusil. Nous entendons la débandade des insurgés.

---

1. Dans l'Île, le commerce est en grande partie entre les mains des Chinois ou des Indiens. Ils vendent leurs denrées à plus bas prix que les Européens ou les Créoles et leur commerce est prospère (commerce à Madagascar: la place des Chinois dans *Bulletin des Missions des Lazaristes*, 1939. Exemple de Farafangana).

Lundi 31 mars, 6 heures du matin

Tout à coup, notre cloche nous réveille en sursaut. C'est le signal d'une autre attaque. Les ennemis sont à Ambohimanarivo, en nombre incalculable. Une auto de Manakara leur a apporté du renfort. En hâte, nous nous habillons pour aller nous réfugier, toutes ensemble à la chambre. Nous entendons les pierres que les insurgés font pleuvoir sur les tôles d'Ambohimanarivo, en même temps que des coups de fusil... Au même moment, nous apercevons les flammes qui montent. C'est la poste, l'hôtel Gasy qui brûlent; les bandits y ont mis le feu.

Nous avons appris plus tard que c'est à ce moment-là qu'ils massacraient M. Durhône, Tseripety, M. Éteve, Eugène, le roi d'Ivato, coupé en petits morceaux, des chefs et des Padesm des villages environnants venus se mettre à l'abri à Vohipeno !

Mardi saint, 1er avril, midi

Nous sortons de table quand nous entendons tout à coup une fusillade nourrie et au même instant, nous voyons se sauver à toutes jambes un nombre incalculable de Malgaches armés de sagaies poursuivis par une quinzaine de militaires européens munis de fusils-mitraillcurs.

Il fallut évacuer Vohipeno sur décision de l'administrateur et de l'autorité militaire. Sont évacués : le père, les sœurs, les orphelines, quelques familles du parti Padesm, les veuves dont les maris ont été massacrés. D'autres Padesm restent comme gardes. Nous sommes bien émues. Les femmes, les enfants, quelques bons chrétiens s'accrochent à nous, pleurent, ne voulant pas nous laisser partir. Nous montons dans un camion et quittons notre cour pour aller passer la nuit à la résidence, dans les bureaux du district. Couchées par terre mais vaincues par quinze nuits d'insomnie, de fatigue et d'émotion, nous dormons.

Mercredi saint, 2 avril

Le lendemain, départ de la résidence dans six camions contenant chacun six militaires armés pour Manakara où sont déjà réfugiés d'autres femmes européennes et leurs enfants venant d'Ambila et de la ligne de chemin de fer. Tous les maris ont été affreusement massacrés. Aux uns, on a coupé mains et pieds, d'autres ont été coupés en morceaux. À un pauvre colon, on a coupé la tête qu'on a promenée dans tout le village au bout d'une sagaie. C'est une pitié de voir et d'entendre ces pauvres femmes. Elles ont tout perdu ; on les a laissées avec une seule chemise sur le dos. En certains endroits, femmes et enfants ont été tués.

Un grand nombre de réfugiés sont installés à Manakara où il y a désormais plus de sécurité, car les rebelles se sont repliés devant les troupes de militaires européens, libanais, syriens, sénégalais. Dans le bâtiment de l'école officielle, devenu prison politique, sont entassés cinq cents prisonniers gardés par des sénégalais. L'armée en a déjà fusillé autant.

Jeudi saint, 3 avril

« Pour la première fois depuis quinze jours, nous avons passé une bonne nuit. Après la messe, nous essayons de nous organiser un peu, car il paraît que nous en aurons pour quelque temps de cette vie de réfugiées. Nous aurons à visiter les prisonniers malades, à préparer et servir la cuisine des militaires, à nous occuper de leur vestiaire, car ils sont partis subitement de Tananarive pour venir à notre secours, sans prendre de linge de rechange. Nous réquisitionnons toutes les bonnes volontés. Pour nous, nous ne savons comment nous allons faire pour le linge de costume. Nous n'avons eu ni le temps ni le loisir de prendre le nécessaire.

Vendredi saint, 4 avril

La journée s'est passée en dehors des offices, à confectionner des vêtements militaires très pressés. On ramène beaucoup de prisonniers... Le père Deguise donne des absolutions aux condamnés qui le désirent.

Le lendemain, les insurgés, repliés dans les forêts, ne veulent pas se rendre. Vohitrindry a été mitraillé et bombardé, il n'y reste rien.

Dimanche 6 avril – Saint jour de Pâques

Triste fête de Pâques. C'est Pâques sur la terre ; nous avons failli la passer au ciel.

Lundi 7 avril

L'avion opère une reconnaissance sur Vohipeno. Le père Garric accompagne les militaires. Vohipeno est calme, mais alentour il y a toujours des réunions d'insurgés de la Basse-Matatana, très protestante.

Mardi 8 avril

Patrouille à Ambila ; on ramène des prisonniers. Les Européens et les Malgaches pro-français qui se défendaient ont été délivrés. Il y a eu beaucoup de massacres dans ce village.

Mercredi 9 avril

Des avions passent qui vont bombarder Vohitrindry, Sahasinaka et Farafangana.

Jeudi 10 avril

Distribution de lamba aux réfugiés de Vohipeno.

Vendredi 11 avril

Les troupes font chaque jour des expéditions, mais les insurgés se cachent dans les forêts du côté de Sahasinaka. Ils ont déboulonné un rail, un train transportant de la troupe a déraillé. Il font du maquis, impossible de mettre la main sur eux.

Lundi 14 avril

Nous sommes toujours à Manakara. Depuis le samedi 12, le médecin européen emmène une ou deux sœurs dans son ambulance, à l'hôpital situé à 6 kilomètres pour y visiter les blessés et les malades ».

Source : sœur G., Fille de la Charité : Dans la tempête 1947. Les événements au jour le jour, du 20 mars au 14 avril. Madagascar. Dans *Bulletin des Missions des Lazaristes*, 1947.

DOCUMENT 3

Madagascar dans la tempête à Farafangana (mai 1947)

« Farafangana, le 2 mai 1947.

La révolte préparée par les Hova a éclaté et dure encore. Depuis Vatomandry, toute la côte est partie pour la rébellion.

Farafangana est la pointe sud extrême. Il n'y a d'ailleurs que les Zafisoro qui se soient lancés dans cette aventure. Les autres, surtout les Zafimananga, qui auraient bien eu envie de bouger, ont été refroidis par la réception qui a été ménagée à Farafangana à leurs amis de Tangainony et d'Évato. Tangainony est complètement brûlé, sauf la mission, le temple et une case de la coopérative. Le gouverneur Mpamelona a été assassiné à Tangainony, et si le père Robert n'a pas été tué, c'est que le type désigné a hésité. Ce qu'on n'a pas pu faire au père Robert a bien été fait au père Garvey à Manampatrana: dans la journée de mardi saint, sept ou huit misérables ont accompli leur coup, tué le père, jeté le cadavre à la rivière, d'où les chrétiens l'ont retiré deux jours après pour l'enterrer à côté de sa case.

À Farafangana, il y eut en avril quatre ou cinq attaques, dont une en plein jour. Les femmes et les enfants ont couché onze jours dans l'église; nos sœurs à la tribune. Tous les Vazaha prenaient la garde, même les pères.

À Manakara, Vohipeno, le Faraony, il y eut une cinquantaine de tués, tous les isolés.

Pour Farafangana, il n'y a plus de danger immédiat; les Zafisoro ont compris. Mais les Antaimorona cherchent à s'infiltrer, ce qui fait que notre sécurité est plus ou moins problématique. On attend des troupes, voilà !... ».

Sœur C. Chilouet, Lazariste.

(Source: *Bulletin des Missions des Lazaristes*, 1947. Journal des sœurs de Vohipeno).

DOCUMENT 4

Lettre de leurs excellences les vicaires et préfet apostoliques de Madagascar, réunis à Tananarive, du 18 au 28 janvier 1934

« À tous les fidèles de Madagascar,
nos très chers frères ».

I – Attachement et soumission à la hiérarchie

II – Étude et défense de la foi authentique

III – Éducation des enfants

IV – Le légitime nationalisme

« L'Église, d'après la déclaration du Comité archiépiscopal de l'Action catholique (27-01-1933). approuve et favorise un juste nationalisme, celui qui veut à son pays sa sécurité, le respect de ses droits, sa vraie place dans le concert mondial. Mais elle demande que ce nationalisme soit chrétien, c'est-à-dire respectueux des droits des autres, soucieuse d'entretenir des rapports que la justice, la charité et le devoir de fraternelle collaboration imposent aux peuples comme aux individus, et désireuse d'aider et de soulager ceux qui souffrent.

Qu'il soit sage, c'est-à-dire que les citoyens ne s'arrogent pas des droits qui sont réservés soit à l'autorité légitime, soit aux compétences spécialisées reconnues. Les principes posés, elle laisse à ses enfants dans ce domaine, une liberté qui ainsi limitée sera une liberté légitime et sage.

Nous devons embrasser dans une même charité Européens et Malgaches. Et ce n'est pas sans tristesse que nous constatons parfois entre vous des défiances, des incompréhensions mutuelles, d'âpres revendications de préséances ou d'égalité de droits.

Les antagonismes doivent tomber devant l'universel besoin de paix et de coopération indispensable à la prospérité du Vazaha aussi que du Malgache.

Cette paix est à base de justice et d'intelligence réciproque. La différence de race et de situation sociale inhérente à toute société n'empêche nullement que vous respectiez les uns les autres...

Ne soyons donc pas impatients, ni les uns ni les autres. Laissons s'accomplir et aidons-y dans une bienveillance fraternelle, et non dans la lutte des classes comme le voudrait le communisme, l'évolution sociale et politique qui nous rapprochera de plus en plus.

Mais cette œuvre d'union et de fraternité ne peut se réaliser que sur la base des principes de l'Évangile et avec l'appoint des forces spirituelles de l'Église catholique ».

Charles Givelet, vicaire apostolique de Fianarantsoa.
Auguste Fortineau, vicaire apostolique de Diego-Suarez
François Dantin, vicaire apostolique de Antsirabé
Paul Pichot, vicaire apostolique de Majunga
Étienne Fourcadier, vicaire apostolique de Tananarive
Antoine Sevat, vicaire apostolique de Fort-Dauphin
Callixte Lopinot préfet apostolique de Nossi-Bé.

Source ACSSp.2M1-7b[10]: Madagascar. Archives concernant l'Église de Madagascar, 1915-1972.

DOCUMENT 5

Réunion du 6 au 10 octobre 1937 à Tananarive

« L'APPEL AUX FIDÈLES (Dimanche, 16 octobre 1937)

En face des événements qui ont eu leur contrecoup à Madagascar depuis un an sous le nom de communisme, les vicaires apostoliques exhortent tous leurs fidèles Malgaches et Européens à affermir dans leur conduite ordinaire la prédominance des convictions de la foi : tempérance dans la jouissance, modération dans les revendications, loi chrétienne du travail, respect des droits d'autrui, tout cela reposant sur la grande vertu d'espérance.

L'Église a toujours réprouvé l'exploitation du faible par le fort, et le recours à la violence pour remédier aux abus. Elle prêche à tous comme un devoir de conscience l'observation de la justice sociale. Toute législation ordonnée à la mieux assurer l'intéresse, sans avoir à la fixer elle-même, elle l'approuve et même la désire.

Mais elle enseigne qu'aucune loi humaine n'obtiendra son plein effet sur terre si son observation n'est animée par les principes de la charité chrétienne et par la pensée de l'éternité. Dans ce but, les vicaires apostoliques rappellent avant tout le devoir de soumission filiale et confiante à la hiérarchie établie par Dieu. Ils insistent aussi spécialement sur deux points de la morale catholique : le devoir de la sanctification du Dimanche et du culte social rendu à Dieu et l'obligation grave de ne pas s'exposer par des lectures imprudentes à des déviations dans les idées tant sur le plan social et même national qu'en matière religieuse.

Ils comptent sur le zèle des différents groupements catholiques, sur la jeunesse catholique en particulier pour promouvoir ces dispositions essentielles à tout catholique ».

Auguste Fortineau, Diego-Suarez
Dantin, Antsirabé
Pichot, Majunga
Fourcadier, Tananarive
Sevat, Fort-Dauphin
Thoyer, Fianarantsoa
Le Breton, Vatomandry
RP. Adolphe, Vice-préfet de Nossy-Bé.

Sources : ACSSp.2MI-10-5, Madagascar. Extraits de journaux, période 1923-1948.
« Lumière » n° 118, 19 octobre 1937 : « La voix des Évêques ».

Sources

Archives

Archives maçonniques

Correspondances des sources malgaches avec Paris ;
Divers dossiers : règlements intérieurs, dossiers personnels, démissions, interventions et lettres de recommandations en faveur de « frères » auprès des autorités administratives.
Les subventions octroyées aux missions chrétiennes surtout dans le domaine scolaire et la politique cléricale du gouvernement général font l'objet de vives protestations.
1) Grand Orient de France, G.O.F.
   – L'Action Républicaine (Diégo-Suarez),
   – France australe (Tananarive),
   – L'Avenir malgache (Tamatave, côte Est)
2) La Grande Loge de France, G.L.F.
   – La Fraternité universelle (Ambositra)
   – Le Progrès de Madagascar (Fianarantsoa)
Carton 467 : dossiers très divers non classés, de feuillets nombreux par dossier, datés de la fin du XIXe siècle à 1978, rapport réquisitorial sur la situation juridique et sociale des indigènes et colons à Madagascar, 1925 ; protestation après la condamnation de Ralaimongo, 1931.

Archives – bibliothèques de la société des Missions évangéliques de Paris – SMEP – dites Missions protestantes françaises à Madagascar

Le Journal des Missions évangéliques – JME – édite principalement sous forme de revues les publications (écrits et propos) des missionnaires pasteurs masculins et féminins mises à la connaissance du monde extérieur.

Archives, bibliothèques des Franciscains Capucins

Mission des Capucins à Madagascar, 1933-1955.
Collection de fascicules annuels aux titres divers, 1932-1946.

Archives des Lazaristes – Paris

Annales de la congrégation de la Mission lazariste et de la Compagnie des Filles de la Charité.
Madagascar méridional 1920-1960.

Archives des Jésuites de France

1) Documentation générale
   – Dossiers 71, 73, 74, 75, 78, 79, 82 et 83
2) Documents sur les missions
   – Dossiers 141, 148, 151, 153, 157.
3) Relations missionnaires-autorité politique
   – Dossiers 311, 312, 345, 351

Archives des Missions Étrangères de Paris – MEP –, Madagascar 1953

1) Bulletin de la société des MEP 1954-1961
2) Missionnaires d'Asie 1956-1960
   – Nouvelles de Madagascar.
3) Revue Missions Étrangères de Paris 1961-1967

Archives des Spiritains – CSSp
Madagascar – district spiritain, Diégo-Suarez, Majunga

Cote 2M1, classement alphanumérique d'une vaste documentation riche et diversifiée.

Encycliques missionnaires

Maximum Illud (Benoît XV, 1919)
Rerum Ecclesiae (Pie XI, 1926)
Evangelii Praecones (Pie XII, 1951)
Fidei Donum (Pie XII, 1957)
Princeps Pastorum (Jean XXIII, 1959)
Mater et Magistra (Jean XXIII, 1961)
Site internet du Vatican.

Bibliographie

Les sources étant surtout d'archives, ne sont cités ici que des ouvrages généraux ou complémentaires.

Ageron Ch.-R., sous la dir. (1986) *Les chemins de la décolonisation de l'Empire français*, Éditions du CNRS, Paris.

Armogathe J.-R., Hilaire Y.-M., sous la dir. (2011) *Histoire générale du christianisme, du XVIe siècle à nos jours,* volume 2, de 1800 à nos jours, articles de Pirotte J.: la pénétration du christianisme dans les cultures non européennes: dynamique, enjeux et stratégies (1815-1950), PUF.

Aubry A.-F. (1992), *La Formation d'une élite africaine et malgache par les missionnaires protestants français:* l'*exemple de Madagscar et du Cameroun (de 1896 à 1950),* mémoire de DEA, Université Paris VII.

Auriol V. (2003), « *Journal du septennat 1947-1954* » édition établie par Pierre Nora et Jacques Ozouf; livre avec CD Rom. Tallandier, Paris.

Becker R. (1949), *Cheminement vers l'unité ecclésiastique dans le protestantisme malgache*. Le Monde non chrétien, nlle série, n° 11, p.323-332.

Benot Y. (1994) *Massacres coloniaux, 1944-1950. La IVe République et la mise au pas des colonies françaises*, Paris, La Découverte.

Billy Ed. (de...) pasteur missionnaire (1950), *Ampleur et urgence de l'œuvre missionnaire à Madagascar.* Étude présentée à l'Assemblée générale extraordinaire le 17 janvier – JME, p.117-124.

Biondi J.-P. (2010), *Clio et les Grands Blancs. La décolonisation inachevée*, Libertalia, Paris.

Blanchard P. et Lemaire S. (2004), *Culture impériale 1931-1961. Les colonies au cœur de la République,* Autrement, Paris.

Blot B. (RP) (1966), *Le catholicisme à Madagascar*, dans Rythmes du Monde, 1, p.50-58.

Boiteau P. (1958), *Contribution à l'histoire de la nation malgache*, Éditions sociales.

Bouillon A. (1981), *Madagascar : le colonisé et son âme*. Essai sur le discours *psychologique colonial*, L'Harmattan.

Brice J. (1950), « *L'œuvre des missions protestantes à Madagascar* », Cahiers Charles de Foucauld, p. 309-326.

Buchsenschutz P. (1938), *La mission luthérienne à Madagascar*; Imprimerie de la mission norvégienne, Tananarive.

Cabanel P. (2012), *Histoire des protestants en France (XVIe-XXe siècle)*, 1503 p. Voir en particulier les chapitres XII : En République, et XIII : La différence protestante, p. 1008-1137, Fayard.

Cadoux Ch. (1969), *La république malgache*, Berger-Levrault.

Cantier J., Jennings E. (dir.) (2004), *L'Empire colonial sous Vichy*, Odile Jacob.

Chapus G.S. (1930), *Le malaise des Églises protestantes à Madagascar*. Extrait des « Études théologiques et religieuses ».

Cooper F., Stoler A.-L. (1997), *Tensions of Empire. Colonial cultures in a bourgeois world*, University of California Press. Londres, Los Angeles.

Cooper F. (2005), *Colonialism in question, Theory, Knowledge, History*, University of California Press, Londres, Los Angeles.

Coquery-Vidrovitch C. (2009), *Enjeux politiques de l'histoire coloniale ; Passé et Présent*, Éditions Agone, Marseille.

Delisle P. et Spindler M. (dir.), *Les relations Églises-État en situation post coloniale*, voir Hubsch Bruno.

Delord R., pasteur missionnaire (1954), *La Mission luthérienne norvégienne chez les Sakalava*. Journal des Missions évangéliques (JME), p. 184-189.

Delval R. (1986), *L'Histoire du Padesm ou quelques faits oubliés de l'histoire malgache. Les chemins de la décolonisation de l'Empire français*, CNRS.

Deschamps H. (1951), *Madagascar, Comores, Terres australes*, Berger-Levrault.

Domenichini J.-P. (1969), *Jean Ralaimongo (1884-1943), ou Madagascar au seuil du nationalisme*. Revue française d'histoire d'outre-mer, n° 204, 3e trimestre, p. 236-287.

Dorian D., *Femme missionnaire, 1956 : questions scolaires de Madagascar*, Journal des Missions évangéliques, p. 189-191.

Dubois H.M. RP. (1950), « La religion malgache » Charles de Foucauld, n° 21, p. 70-100.

Duval E.-J. (2002), *La révolte des sagaies, Madagascar 1947*, L'Harmattan.

Engelvin A. (1957), *La belle vie, vécue par un missionnaire lazariste à Madagascar, de 1911 à 1954*. Les Missions des Lazaristes, Paris.

Etherington N., *The Missionary Experience in British and French Empires,* dans White O. et Daughton J. P. In God's Empire

Esoavelomandroso F.-V. (1986), *La Grande Guerre vue d'outre-mer : patriotisme français et patriotisme malgache*, Revue française d'histoire d'outre-mer, n° 271, p. 129-141.

Fremigacci J. (1978), *L'administration coloniale : les aspects oppressifs* dans « Omaly sy anio (hier et aujourd'hui) », n° 7-8, p. 209-238 Sociétés des missions évangéliques, Paris.

Greiner A. (1972), *L'Église luthérienne à Madagascar,* Journal des Missions évangéliques.

Hubsch B. (1983), L'expérience chrétienne de Madagascar dans la Mutation des modèles missionnaires au XXe siècle : expérience d'inculturation chrétienne. Operex, p. 47-57, Paris.

– (1993) (éd.), *Madagascar et le christianisme*, Karthala.

– (2003), *Relations entre l'État et les Églises à Madagascar après l'indépendance (1960-1995)* dans Philippe Delisle et Marc Spindler (sous la dir.), *Les relations Églises – État en situation postcoloniale XIXe-XXe siècle*, p. 341-356, Karthala.

Ivry H. (1948), « Le mouvement national malgache », dans *Esprit*, n° 2, p. 221-239.

Jacquin F. et Zorn J-F. (éd.) (2001), *L'altérité religieuse. Un défi pour la mission chrétienne XVIIIe-XXe siècles*, Karthala.

Keller J., pasteur missionnaire, *Le problème missionnaire dans l'Empire français,* Journal des Missions évangéliques, mai, juin, juillet 1945.

Koerner F., *L'accession des Malgaches à la citoyenneté française (1909-1940).* Revue historique, janvier-mars 1969, p. 77-99.

– *L'échec de l'ethiopianisme dans les églises protestantes malgaches.* Revue française d'histoire d'outre-mer, n° 211, p. 215-238, 2e trimestre 1971.

– (1994) *Madagascar, colonisation française et nationalisme malgache,* XXe siècle, L'Harmattan.

Leymarie Ph., « *L'AKFM malgache (1958-1968),* Revue française d'études politiques africaines, n° 98, p. 71-90, février 1974.

Lupo P. (1975), *Église et décolonisation à Madagascar,* dossier Fianarantsoa, Ambozontany.

Lupo P. (2006), *Dieu dans la tradition malgache. Approches comparées avec les religions africaines et le christianisme*, Karthala.

Madagascar (1945), *Les années d'épreuves.* Groupe des études malgaches, Paris.

Malye F., Hadley K. (2012), *Dans le secret des archives britanniques. L'histoire de France vue par les Anglais, 1940-1981*, Calmann-Levy.

Maron C., *L'hebdomadaire Lumière de Madagascar (1935-1972)*, Presses universitaires d'Aix-Marseille, 1977.

Massiot M. (1971), *L'administration publique à Madagascar.* Librairie générale de droit et de jurisprudence, Paris.

Mejan F. (1957), *Le Vatican contre la France d'outre-mer,* Fischbacher, Paris.

Merle M. (1967), *Les Églises chrétiennes et la décolonisation,* Colin.

Mondain G. (1948), *Un siècle de mission protestante à Madagascar, Société des missions évangéliques,* Paris.

Oeschner de Coninck F. District de Diégo-Suarez, rapports 1939-1940,1942,1945,1946 ; cinq documents, textes dactylographiés. 1946.

Perbal A. (1939), *Les missionnaires français et le nationalisme*, librairie de l'Arc, Paris.

Peyrot H., pasteur missionnaire, *La mission protestante française et l'Isan-Enim Bolana,* rapport présenté à la conférence d'avril 1938.

Peyrot L. (1966), « Les Églises protestantes à Madagascar » dans *Rythmes du Monde*, n° 1, p.59-62.

Pirotte J., voir Armogathe et Hilaire.

Poirier J., *Les groupes ethniques de Madagascar.* Le mois en Afrique. Revue française d'études politiques africaines, n° 100, avril 1974.

Prudhomme Cl. (2004), *Missions chrétiennes et colonisation, XVIe-XXe siècle* ; Cerf, coll. Histoire du christianisme, Paris.

Rabearimanana L. (1977), *Presse d'opinion et luttes nationalistes à Madagascar de 1915 à 1936,* dans Omaly sy anio, n° 5-6, p.257-266.

– (1980) *La presse d'opinion à Madagascar de 1947 à 1956,* Librairie mixte, Tananarive.

Rabemananjara R.-W. (1953), *Madagascar sous la Rénovation malgache*. Paris, Tananarive.

– (2000) Ma*dagascar : l'affaire de mars 1947,* L'Harmattan.

Radaody-Ralarosy R. (2007), *Zovy 1947. Au cœur de l'insurrection malgache*. Roman. Éditions Sépia, Saint-Maur-des-Fossés.

Rahamefy A. (2007), *Sectes et crises religieuses à Madagascar,* Karthala.

Raison F., *Le catholicisme malgache : passé et présent*. Revue française d'études politiques africaines n° 53, p.78-99, mai 1970.

Raison-Jourde F. (1986), *Émergence des partis et légitimation du pouvoir politique à Madagascar 1936-1972*. Tiers-Monde-Afrique. Paris.

Rakotomalala M., Blanchy S., Raison-Jourde F. (2001), *Madagascar : les ancêtres au quotidien,* L'Harmattan.
Randriamaro J.-R. (1997), *PADESM et luttes politiques à Madagascar : de la fin de la Deuxième guerre mondiale à la naissance du PSD*, Karthala.
Rapports annuels de la mission de Madagascar 1938-1946 dans JME.
Ratrimorivony-Rakotonosy M. (1986), *Historique et nature de l'enseignement à Madagascar de 1896 à 1960.* Thèse de 3e cycle, Paris-Sorbonne.
Ratsimbarison V., *L'enseignement à Madagascar avant, pendant, après la colonisation,* dans Madagascar renouveau, n° 1, 4e trimestre 1976.
Reallon (gouverneur général), *L'évolution de la société malgache* Cahiers Charles de Foucauld, n° 21, 1er trimestre, p. 176-185. 1951.
Sartre V. Mgr (1950), *Les missions catholiques à Madagascar,* Cahiers Charles de Foucauld, n° 21, 1er trimestre, p. 129-131.
Spacensky A. (1967), *Regards sur l'évolution politique malgache, 1945-1966,* Revue française de Science politique, vol. XVII, n° 2 p. 263-285.
– (1970) *Madagascar, 50 ans de vie politique. De Ralaimongo à Tsiranana,* Nouvelles éditions latines, Paris.
Thomas M. (1998), *The french empire at war 1940-1945*, Manchester et New-York university Press.
Tiersonnier J. (1991), *Au cœur de l'Île Rouge. 50 ans de vie à Madagascar*. Éd. Beauchesne, Paris -Tananarive
– (2001), *Madagascar, les missionnaires acteurs du développement,* L'Harmattan.
– (2004), *Des sagaies aux ombrelles (1947-2002),* L'Harmattan.
Tronchon J. (1986), *L'insurrection malgache de 1947,* Karthala.
Vernier J. (1949) *Documents sur la constitution de l'Église à Madagascar* dans *Le Monde* non chrétien, Nouvelle série n° 11, p. 371-380.
Vidal H. (1970), *La séparation des Églises et de l'État à Madagascar (1861-1968)* Libr. de droit et de jurisprudence, Paris.
White D.S. (1979), *Black Africa and de Gaulle. From the french Empire to independance. Th*e Pennsylvania State University Press, University Park and London.
White O., Daughton J.-P. (2012), *In God's Empire. French missionaries and the modern world,* Oxford University Press.
Zorn J.-F., Borne D., et Falaise B. (dir.) (2009), *Mission et colonisation : entre connivence et différence. Point de vue protestant,*

dans Religions et colonisation, Afrique-Asie-Océanie-Amériques XVIe-XXe siècle, Éditions de l'Atelier.

Zorn J.-F., *When French Protestants replaced british missionaries in the Pacific and Indian Oceans: Or, how to avoid the colonial trap*, dans White O. et Daughton J.-P., in God's Empire.

Table des matières

DEUXIÈME PARTIE

CHANGEMENT D'OPTIQUE ET DE GRILLE DE LECTURE : LES MISSIONNAIRES DANS L'ARÈNE POLITIQUE (1945-1960)

ANNEXES

www.ingramcontent.com/pod-product-compliance
Lightning Source LLC
LaVergne TN
LVHW082038051026
849532LV00011B/3399